私の話を聞いてください

沖縄に移住した「重度知的障害」の私と先生の交換日記

福知 由菜 著
福知 里恵 編

ボーダーインク

はじめに

はじめに

この本は、「重度知的障害」の娘・由菜と支援担任の先生との交換日記の内容を抜粋したものです。由菜は小学生のときからいわゆる地域の普通学校に通っており、この交換日記がやりとりされたのは中学3年生のときでした。発話の難しい由菜は、指談と呼ばれる介助付きコミュニケーションを行います。日記の文章は、由菜が私の手のひらに書くひらがなを私が読み上げ、録音した音声を漢字や句読点をつけて書き起こしたものです。また、独力で思いを伝えられるようになりたいという本人の意思により、練習を兼ね、キーボードによるテキスト入力ツールを利用して書いている箇所もあります。

過剰なまでに自意識が高まったり、さまざまな人間関係に悩んだり——多くの人がそんな経験をする多感な中学時代。由菜も、先生方をはじめとした周囲の人々が描く「障害者」像と本当の自分との大きな乖離に悩み、2年生のときはほぼ学校に行けずに過ごしていました。学校と話し合いを続けて迎えた最終学年、新たな支援担任として校長先生が指名してくださったのが京子先生でした。

今度の先生には自分のことをちゃんと理解してもらいたい、そして自分もその努力を惜しみたくない。由菜は、クラス全員が書く「新年度の所信表明」に、以下のような文章を綴りました。その思いを先生がくんでくださり、交換日記は始まりました。

私はみんなと一緒に勉強を頑張りたいです。学校は勉強を頑張るところだと思うので、勉強したいです。ゆなは障害児だと思われていますが、私はいっぱいいろんなことをわかっています。だから、いっぱいいい人とそうでない人もわかります。

勉強はいっぱいやりたいです。とってもいいのは、宿題を一緒にしたいです。宿題はみんな出るけど、ゆなにはないので、宿題をしたいです。私はみんなと同じことは習ってないから、宿題と言っても、いっぱいいいのは、ゆなと先生とでわんさかいろんなことを話したいです。話すことで分かり合えることがたくさんあると思うので、私はいっぱいしゃべりたいです。連絡帳というか、交換日記というか、そんなものを作ってください。お願いします。

ゆなでした。終わり。


一年間ほぼ毎日、家で私が由菜の言葉を聞き取ってノートに記録し、次の日に先生が返事を書いて返してくださる、というやりとりが続きました。読み返してみると、最初のうちは慎重深く探るような様子だった由菜が、ありのままの自分をおおらかに受け入れ細やかな心配りをしてくださる先生に次第に心を開き、ほどなくして全幅の信頼を寄せていくさまが見てとれます。私たち家族は由菜の中学入学と同時に沖縄に移住したのですが、日記のやりとりをした一年間は、祖父母も移住をしてきて一緒に生活を始めたり、通所施設でつらい思いをしたりと、本当にさまざまな出来事がありました。精神的にきついことも多々ありましたが、日記に書き切れない思いも含め、その時々の気持ちを先生に受け止めてもらいながら力強く前に進もうとする由菜の姿に、我が子ながら尊敬の念を禁じ得ないこともたびたびありました。そして、その姿を引き出してくださった京子先生をはじめ、私たち親子に関わってくださった全ての方々に感謝の気持ちでいっぱいです。

由菜は普段からよく、「社会を変えたい」、「障害者の本当の姿をみんなに知ってもらいたい」、「いつかは本を出してみたい」と話します。そんな彼女に「交換日記を本にしてみたらどう?」と持ちかけたとき、彼女はずいぶん長い間迷いました。日記に登場する大好きな人たちに迷惑がかかったらどうしよう……。自分の心のうちをさらけだした姿がみんなの目に触れるなんて……。でも、この本をたくさんの人に読んでもらえたら、自分と同じように本当の気持ちをわかってもらえずつらい思いをしている人たちの力になれるかもしれない……。

由菜の心配をできるだけ払拭すべく、本書に登場する方々や団体は、本人、京子先生、一部の方々、および周知の名称を除き、すべて仮名にしています。また、本文中に出てくる挿絵は全て、先生がその日に日記に描き入れてくださったものです。

なお、本書では連絡事項や表現の重複する箇所などは割愛しているため、やりとりのうち先生もしくは由菜だけの言葉を引用している箇所や、一日分をまるごと省略している箇所も多くあります。

母　福知　里恵

はじめに

目次

私の話を聞いてください

沖縄に移住した「重度知的障害」の私と先生の交換日記

由菜について——ゆなのトリセツ

由菜について

由菜はいわゆる「重度知的障害児」です。小6の時に必要に迫られ受けた発達検査の結果は、「発達年齢：1歳5か月」。衣服の着脱や入浴にも介助が必要です。学校では、廊下で座り込んだり寝転んだり、授業中にほかのクラスに入って行こうとしたり。突然校外へ出て行ってしまうこともあるので、中3の時は常に二人以上の先生が付いていました。家でも、一人で出て行ってしまうと安全確保が難しいので、本人が鍵を開けられないよう工夫しています。コミュニケーションに関しては、発話だけではなくジェスチャーなどで答えることも難しく、語りかけても目が合わなかったり表情が変わらなかったりすることも多いので、「無視されちゃった」、「言っている意味がわかっていないのかな」としょっちゅう言われています。新しい場所や人間関係に慣れるのに時間を要し、例えば高校入学と同時に利用し始めたデイサービスでは、スムーズに入室できるようになるまで数か月、トイレに行けるようになるまでに半年以上かかりました。

身体機能は、微細運動が苦手だったりぎこちなさがあったりといろいろな不自由さはありますが、いわゆる「身体障害」はありません。なまじ体が動いてしまうため、周囲の人には、本人が自分の意思で体を動かして「問題行動」をしているとみなされます。適切なふるまいができないのは、何をすべきか、何をしてはいけないのかが理解できていないから――まさに「1歳」相当の理解力しかないからだと人は考えます。そして、不適切なふるまいをする由菜を叱ったり、どうすべきかを繰り返し教えたり、思うような反応が得られなければ諦めたりします。行動や表現が、知能や意思とイコールだと思われるのです。「健常者」の世界では当たり前とされていることなので、当然と言えば当然です。

日記でも随所で触れられているように、相手に迷惑をかけたくないと切に願う由菜自身が一番「適切な」ふるまいをしたいと思っています。ですが彼女の体は、ちゃんとしなければと思えば思うほど、動けなくなったりでたらめな動きをしたりしてしまいます。嬉しくても感動しても、とにかく気持ちが動くと体がそれに大きく反応してしまい、コントロールがきかなくなるのです。そして、目の前の大好きな人を怒らせたり悲しませたりしてしまいます。本人は、そうした思うに任せない体の中で、ずっとつらく切ない思いをしています。

ここでご紹介する『ゆなのトリセツ』は、そんな本人のやるせなさに触れた京子先生が、外見やふるまいと内面とが大きくかけ離れた由菜を周囲の人に理解してもらう助けになればと、授業の合間にササっと書き上げてくださったものです。

「ゆな」、「ゆーちゃん」、「ゆいゆい」のこと

本書に登場する「ゆな」、「ゆーちゃん」、「ゆいゆい」はすべて由菜本人を指します。

日記には、「ゆな」、「ゆーちゃん」、「ゆいゆい」がたくさん登場します。随所で触れられていますが、由菜は体のコントロールが難しく、自分の意に沿わない不適切なふるまいをしてしまうことにとても困っています。由菜と同じように発語がなく指談などの介助つきコミュニケーションを利用する方々は、身体機能のいかんにかかわらず、こうした悩みを抱える方が多くいらっしゃいます。由菜はそんな先輩に自分の気持ちを聞いていただく中で、自分の体に名前をつけてみたらいいよとアドバイスをいただきました。そうすることで自分の困りごとを客観視し、ほかの人にわかりやすく伝えることもできます。

由菜はまず、自分の体（「外側の人」）に「ゆーちゃん」と名づけました。しばらくすると、「ゆいゆい」も登場するようになります。

このあとの『ゆなのトリセツ』で京子先生がわかりやすく説明してくださっていますが、「ゆな」は本人のアイデンティティ、「ゆーちゃん」は本能の領域、「ゆいゆい」は自分の理想像と解釈できます。学校で定期的に開催していた由菜のケース会議（支援会議）で、教育委員会の心理士の先生が、「ゆな」、「ゆーちゃん」、「ゆいゆい」はそれぞれ、フロイトの構造論の「自我」、「エス（イド）」、「超自我」に相

当すると解説してくださり、みんなで大いに納得したことを思い出します。

障害の有無に関係なく誰もがこうした心の構造を持っている（らしい）のですが、いわゆる健常者は頭の中でこの三人がやりとり・調整をして一つの答えを出してから、その答えを神経を通じて体に伝達します。由菜の場合は、障害のせいでこの過程がうまく機能していないようで、瞬時に手足も含めた身体の各パーツが動作するため、結果的に周囲の人たちが理解できないような行動をとってしまうようです。三人それぞれの思惑に翻弄されながら過ごす毎日は、想像を絶する過酷さなのだろうなと思っています。

早く早く!!
困った…
いいものみつけた!
ゆいゆい
ゆな
ゆーちゃん
時間をかけて2人と相談すると…
こうなることもある。
せーの!
ゆいゆい
ゆな
ゆーちゃん

ゆなのトリセツ ①

ゆい ゆい
ゆな
ゆーちゃん
うまく いかないとき
うまく いくとき
やること
(超自我) ゆいゆい
(本人) ゆな
(本能) ゆーちゃん
しっかり者 パソコン上手 意見をはっきり言う
やさしい 本が好き 2人を上手に コントロールできず 困ってしまう
楽しいことがすきで活発 静かにしたり がまんが苦手

おーい!!
おーい!!
近くから声をかけても気付いてもらえない事も…
無視しているわけではなく……
うるさくて…!!
聞く音(人)を自分で決めています。そうしないと色々な音が全部耳に入ってしんどいです。
意識して自分の耳にヘッドホンを付けて音を選んでいます
ブロック
ブロック
きこえる
ゆなー!!

ゆなのトリセツ②

スマホや タブレットを
さわっていても、歌っていても
周囲の会話をきいてます。
「こんな話わからないだろう」
と思われるのが悲しいです。

見るもの（人）を決めています。
そうしないと全て何かわからず
見えずらいのです…

見る人を決めて、他を見ないように
することで、物や人を見ています。
テレビドラマなどで、エキストラと主人公
がわかりやすいように区別してるイメージかな。

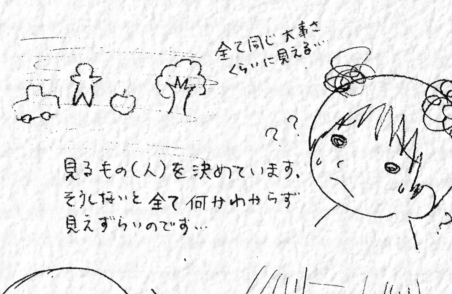

ゆなのトリセツ③

私の事きらいなのかな…？
近く
近くにいても見てもらえず、
気付いてもらえない事があります。
こんにちは
××せんせ♫
目の前にいても
遠くの人を呼ぶことも…
悪意があるわけ
ではなく…

カードをもってきたり
カードで選ぶのは
好きじゃないよ
ホワイトボードで
ゆびさし
はい
いいえ
かんがえ中
※はい いいえ以外のあいまいな
選択もできるようにしてくれると嬉しい
パソコンも
練習中
ローマ字で
打ちます
(介助が必要)
ゆーちゃん
ゆいゆい
ゆな
集中!
パソコンの打ちこみ
は右手でスマホやipad
をいじってる方が
スムーズです。
視線はスマホ
見てるのに打てる…
スゴイ☆

ゆなのトリセツ④

言葉（音声）が出ないので、
音程で歌を歌って伝えたり

ジェスチャーや 音のよくようや
リズムで伝えたり

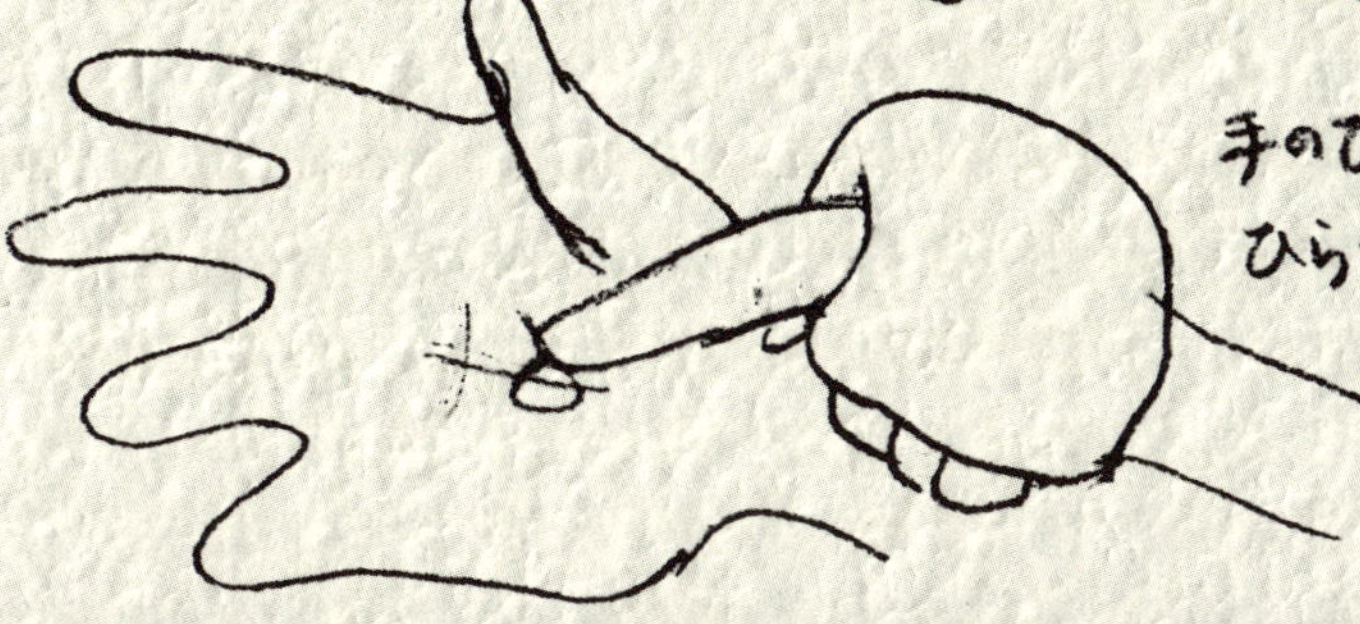

手のひらに
ひらがなで書いて
伝えます
（介助が必要）

他にも描ききれない事がたくさんあります。
パニックをおこすと体が固まってしまってねころんだり
座りこんだり…… その時に周囲みんなで声をかけると
長びくので声かけは1人 他は少し離れて見守り
一定時間動けなければ、運んでしまうと切りかえOK!
など。

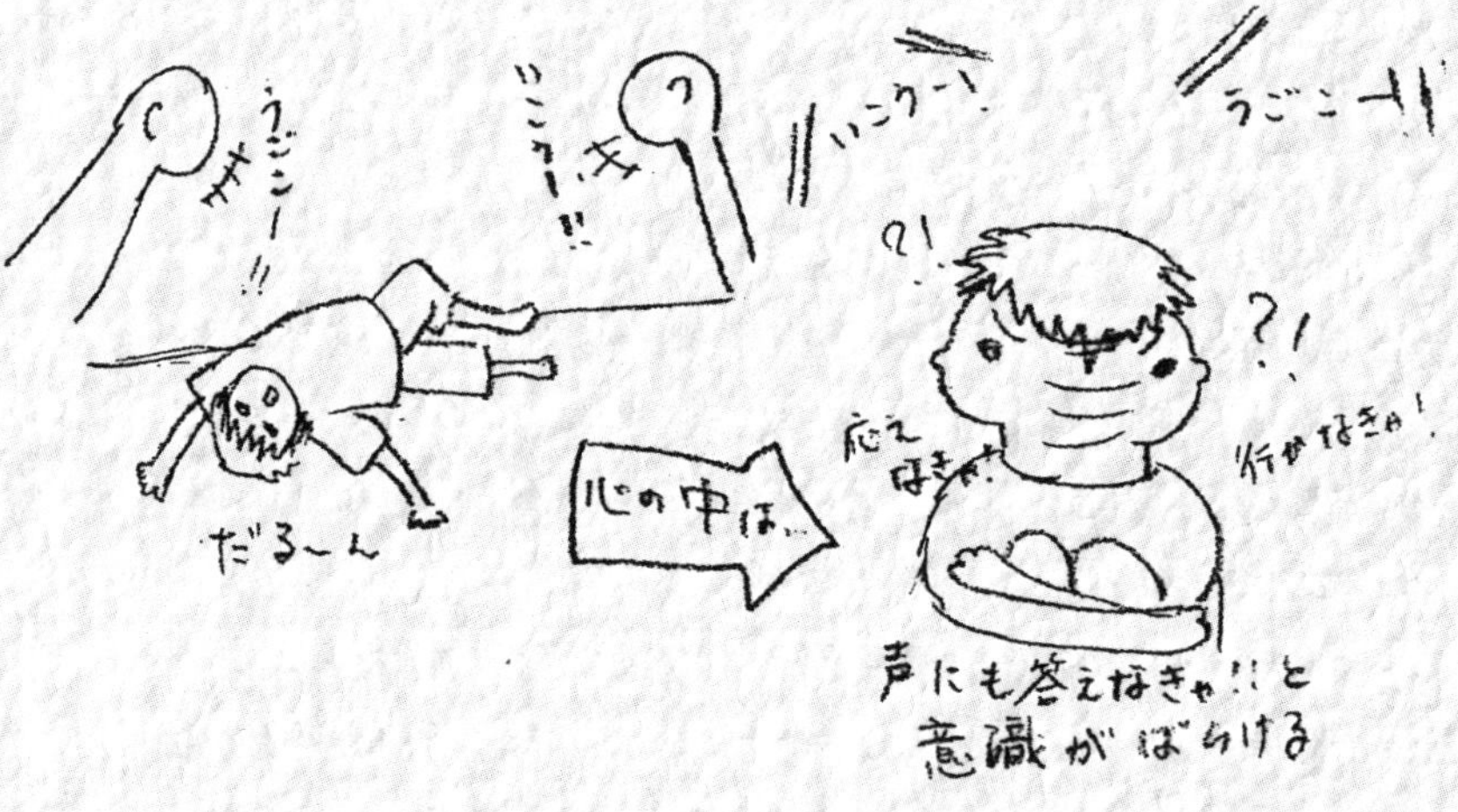

四月

京子先生との出会い

中学3年生としての学校生活が始まりました。

中2の頃は、たまに保護者同伴で登校しても玄関横の図書室で過ごし、由菜が一人で在籍する支援学級や原学級（普通学級）の教室に本人の足が向くことはありませんでした。

中3になり、支援学級や原学級の教室が変わったこともあり、図書室を拠点に徐々にクラスに慣れていくことになりました。

また、時間的にも、短時間登校からのスタートとなりました。

四月十二日

ゆなさんへ

今年、ゆなさんの担任になれて、たくさん関わることができて嬉しいです。指談も修業させてね。ゆなさんの気持ちや考え、今日楽しかったこと、嬉しかったこと、くやしかったこと、たくさん聞かせてください。言いたいことがなかなか伝わらなくて、じれったい時もあると思うけど、許してね。先生がまちがっていたら教えてね。京子先生は3年生になったゆなさんが、始業式の日から毎日学校に来てくれてとても嬉しいです。ゆっくりでいいので、ゆなさんのタイミングで一緒に給食を食べたり、3年生と行事に参加したり、勉強したりしていこうね。ほな、また。ゆなの応援団長 京子先生より

・・・・・・・・・・・・・

ゆなです。私は京子先生と頑張れることになってうれしいです。いっぱいいろんなことを話したい。

四月十九日

ゆなは今日はいっぱい楽しかったです。いっぱいゆめこ先生が歌を歌ってくれて、私はとってもうれしかったです。学校はまだ緊張しますけど、しんどくはないので幸せです。ゆなより

・・・・・・・・・・・

四月二十日

今日も元気に楽しかったね。ドラえもんの歌、覚えますね。今日はゆなさんが絵をたくさん描いてくれて嬉しかったです。みよこ先生ともアンパンマン描けたね！しの先生ともまたたくさん歌おうね。

京子

・・・・・・・・・・・

四月二十四日

ゆなです。先生はゆなといるのは楽しいですか。私は先生といるのはとっても楽しいです。私はゆーちゃんといるからゆーちゃんがいろんな所に行ってしまって大変ですが、先生はゆーちゃんといるのは嫌ですか。私は嫌ではないけどちょっとしんどいなと思うことはあります。ルンルンしてる時のゆーちゃんはゆなもいいと思うけど、嫌な時のゆーちゃんはゆなはしんどいです。ゆなより。

・・・・・・・・・・・

四月二十五日

先生はゆなといるの楽しいです。歌を歌うのも好きだし、ゆなさんが笑っていると嬉しくなります。いたずらしてこっちを見てツッコミ待ちしている姿もかわいいなと思っています。ゆーちゃんが元気な

ときに体が動かなくなったり、走りだしたりしてしまっても大丈夫です。危ないとき（例えば道路にとび出しちゃったり道に座りこんじゃったりとか）は止めたり動かしたりもしますが、嫌だなと思うことはないです。安心してね。ゆなとゆーちゃんどっちも好きだし、どっちも大切だから一緒にいるよ。ゆながしんどいときは知りたいな。先生に何ができる？　どんなことしてほしい？　教えてくれたら嬉しいです。京子

指談

指談とは、本人が指先などで介助者の手のひらに文字を綴って意思を伝える方法です。「介助付きコミュニケーション」の一種で、介助者が手を添えることによって書字が可能となります。（ご興味のある方は、ジャーナリストの中村尚樹さんによるノンフィクション『最重度の障害児たちが語りはじめるとき』（草思社、２０１３年）をぜひお読みください。）

指先が介助者の手のひらにほぼつけたままになるので、由菜は図のような「一筆書き」のひらがなを綴ります。介助をしてくれる相手に応じ、慣れていない方にはできるだけ大きくゆっくりと、私のようなしょっちゅうやりとりをしている相手には極小の文字を連続で綴っていきます。私の場合は、目で見て判読するというよりは意識を集中さ

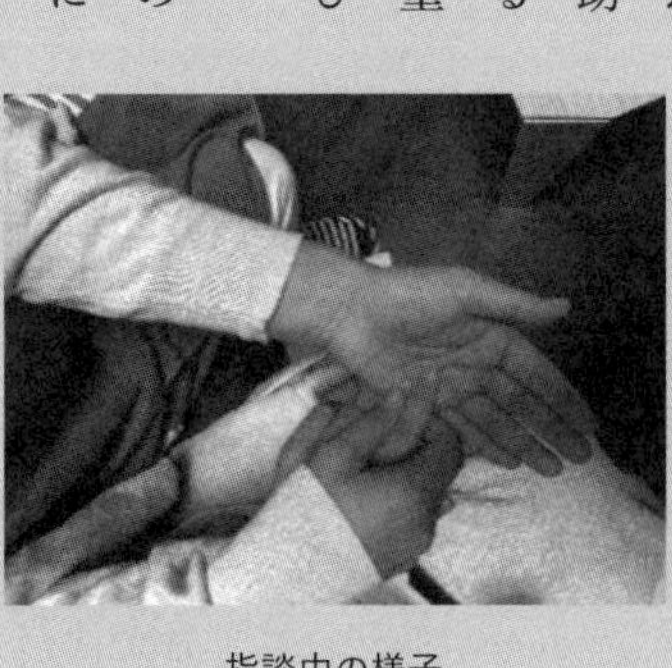

指談中の様子

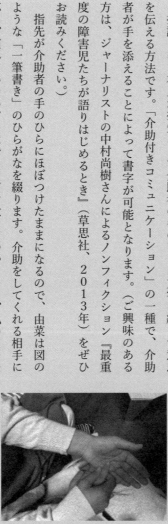

せて読み取っていくので、子どもの頃にやった、背中に書かれる文字をあてる遊びに似ているなと感じています。また、本人に伝えたい気持ちがあふれているときには速く綴ったり、気まずい話や自信のないときには文字が小さくなったりと、口頭会話での声と同様、綴られる文字にも感情が表れるのがおもしろいなと思っています。

指談で由菜の心の機微に触れられるようになったり、由菜以外の指談ユーザーの方々とお話しさせていただいたりするなかで、障害を持つ方々に対する私の見方は大きく変わりました。彼ら彼女らは、「優しさ」「思いやり」によって「庇護」すべき対象ではなく、共生社会の仲間として「尊重」すべき一人の人間なのだと認識を改めることができました。ただ、私のそうした変化とは裏腹に、由菜の手を取り音声を発するのが私であるがゆえに、親が自分の言いたいことを語るための腹話術人形にされてかわいそうと捉えられる場面も少なくないのがもどかしいところです。

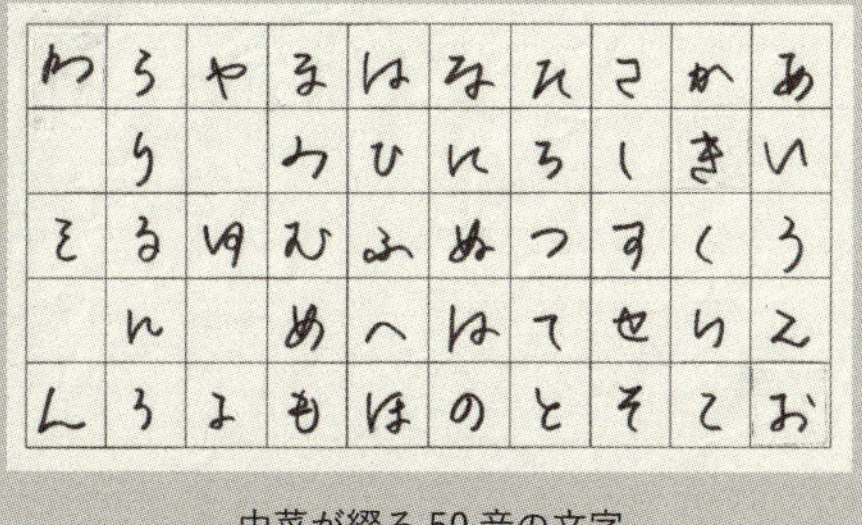

由菜が綴る50音の文字

四月二十六日

ゆなです。ゆーちゃんといるとしんどいけど、ゆなはゆーちゃんと一緒にしんどい思いをしているから仕方ないです。ゆーちゃんはゆなの一部なので仕方ないです。私は簡単に過信してしまっているけど、ゆーちゃんは感動症※の人です。私はゆーちゃんといるといっぱいしんどいけど、ゆーちゃんはしんどくないみたいです。だから、しんどいと思っているのはゆなです。ゆなはしんどいけど、ゆーちゃんとは一緒に生きているのでしょうがないです。

・・・・・・・・・・・・

四月二十八日

ゆなさんがしんどいんだね。ゆーちゃんが楽しくなっちゃったり、体を動かしてしまう時にゆなさんがしんどいなと思うことがあるんですね。そんな時は動いちゃった後休憩したいとかかな？　静かな場所に行きたい？　それともゆーちゃんが落ちつくまで動いたり散歩したいかな？　そういう時どうしたいか教えてくれたら嬉しいです。

もうすぐゴールデンウィークですね。次は5月2日に会いましょう。ゴールデンウィークにどんなことしたのかとか教えてね。京子

・・・・・・・・・・・・

四月三十日

ゆなです。京子先生、心配してくれてありがとうございます。ゆーちゃんはゆなの一部なので、一緒に生きるしかありません。だから、ゆーちゃんとゆながどうやったら仲良くできるか一緒に試してもらえると助かります。特に教室に入るときは、ゆーちゃんは逃げたいしゆなは入りたいしどうしたらい

※感動症　由菜の造語。すぐに心が動いて（感動して）しまうこと、また、それに伴って体も意図しない動きをしてしまうことを指す。

いのか困るので、どうやったらゆーちゃんもゆなも幸せになれるか一緒に考えてもらえるとうれしいです。ゆーちゃんはゆなと一緒の人なので、もう分けて考えるのはやめることにしました。だって分けるとしんどいよ。だからもう、ゆなは一人です。分けずにゆながどうしたらいいか、一緒に考えて下さい。よろしくお願いします。

「ちんとんしゃん」というのは三味線の音だけど、三線の音はどうやって表現しますか。それも教えてね。〇〇（京子先生の苗字）という名前は沖縄の人ですか。私は、〇〇というのは内地の名前だと思っていたから知りませんでした。京子先生はもしかしたら内地の人ですか。ゆなより。じゃあね。またね。終わり。

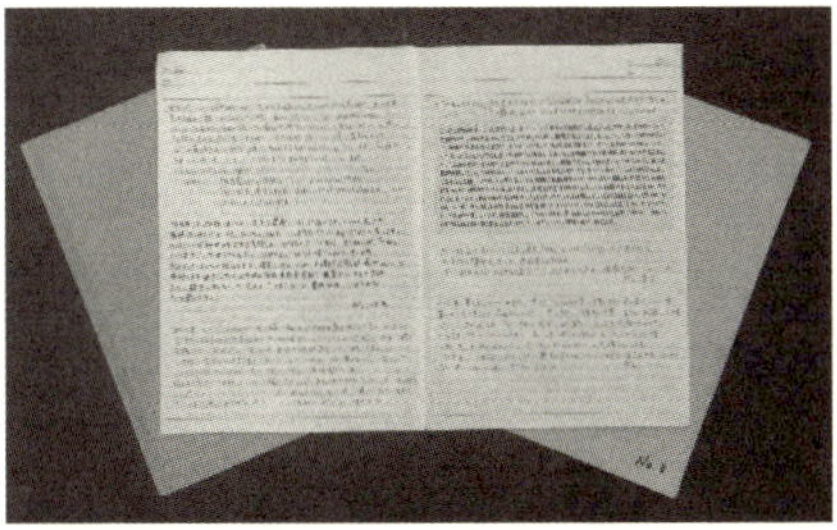

実際に先生とやりとりをしていたノート。一年間でB5ノート3冊分になった。

由菜と歌

音声言語で会話ができない由菜にとって、歌は相手とやりとりができる大切なコミュニケーションツールです。歌詞を発音することはできませんが、声帯で音程をコントロールしてメロディを表現するのはだんだんと上手になっています。かかわってくれる人それぞれのテーマソングを決めているようで、例えば家族でも、ばあばだと『涙そうそう』、私にはTWICEの『What is Love?』というように、由菜が歌いかける曲は一人一人違います。自分の誘いに応じて相手が一緒に歌ってくれるかどうかが、選曲のポイントの一つのようです。

コラム　高2になった私が日々考えていること

こんにちは。ゆなです。

こんにちは。ゆなです。私は高校2年生の障害児です。障害者っていうにはまだ若いし、障害児っていうにはちょっと歳をとってる気がしますね。障害児って言葉を聞くと、とってもかわいそうとか大変とか思われてしまいます。ゆなは大変に思われるのはとてもつらいです。大変な子って言われるのがすごく嫌です。

でも、私自身も毎日大変な思いをしているということを、周囲の人たちにもわかってほしいと思っています。私もとっても大変です。困っています。どうしたら自分にちゃんと言うことを聞かせられるのか、すごく困っています。だから、障害児が何もわかっていないと思わないでほしいんです。

学校はすごく大変です。とってもたくさん人がいて、混乱してしまいます。授業に出たくても、すぐに体が言うことを聞かなくなります。とっても困っています。でもそんなつらい気持ちを表現する手段がないゆなは、いつも途方に暮れています。

五月

「ゆな」と「ゆーちゃん」と「ゆいゆい」

五月二日

祖父母とビデオ電話で話した内容を、本人の許可を得て交換日記で先生に共有しました。

私はいいのはゆなとして生きることだけど、ゆーちゃんもゆーちゃんとして生きたいと思ってるからどうしようかな。ゆーちゃんは学校が嫌だって言ってるよ。ゆーちゃんはしんどいから嫌みたい。しんどいのは、友達と過ごすとゆーちゃんはゆなといれなくなるし、ゆーちゃんという人はゆなといたいから友達といるのは嫌みたい。だってゆーちゃんはゆなといるといっぱい好きな様に出来るけど、友達といると我慢しないといけないからそれは嫌だって。

小学校の時はゆーちゃんもゆなも我慢しなくてよかったけど、今はゆーちゃんは我慢しないといけないと思ってる。だってじいじばあばもお母さんも、失敗しちゃダメって思ってるでしょ。小学校の時は失敗してもいいよと言ったけど、中学生になったら失敗したらダメって言われたから私は中学生として頑張らないとと思ってます。それはしんどい。ゆなは決意表明しても失敗してもいいと思ってたら、ゆーちゃんはそれならダメって思ったみたい。だから失敗してもいいと言われても、どうしたらいいのかわからないって。困ったね。

失敗っていうのはついついいろんなことをやってしまってみんなに迷惑をかけることと思います。私は失敗と思ってなくても、失敗だと言われたら嫌ですよね。私は失敗って言われるより自分で失敗と思っていた方が楽なので、全部失敗と思うようにしています。だってその方が自分はしんどくない。失敗って思っている方が楽です。挑戦したら失敗はつきものですが、挑戦しなくても私は失敗してしまうので困るよね。ゆーちゃんは挑戦したくないし友達といるのも嫌って言ってるよ。だから嫌です。ついつい私はそう思ってしまいます。失敗したくないと思ってしまいます。みんなはゆなといると喜んでくれるから、だから失敗したくない。

私はいっぱいしゃべったけど、ゆーちゃんはしゃべってないからゆーちゃんにバトンタッチするね。

ゆーちゃんです。ゆーちゃんはいつもしんどいよ。いっぱい失敗したくないからしんどいよ。ゆーちゃんとゆなは一緒にいるけど私は本当は一人がいいです。ゆーちゃんとしていたいよ。だって私は私だし、ゆなじゃないからね。ジャンジャンいっぱいいいことをしたい。いいことというのはしんどくないことばっかりしたい。しんどくないことっていうのは、じいじとしゃべるとか、ゆなと遊ぶとか、そんなことばっかりしていたい。ゆーちゃんはそんなことはいいと思います。ゆーちゃんもしゃべりたいのにいつもゆなばっかりで嫌になる。ゆーちゃんもじいじとしゃべりたい。じいじはゆーちゃんはいいと思いますか？ゆーちゃんはじいじとしゃべるといっぱい幸せだって。じいじはゆーちゃんとゆなとどっちが好きですか？

（じいじ：うーん。どっちも好きだけどなぁ。）

そんなん答えになってないで。ゆーちゃんはゆーちゃんと言って欲しいです。ゆーちゃんはゆーちゃんやし、ゆなはゆなだから、どっちもというのは嫌ですよ。でも、ゆなもゆーちゃんもじいじが好きだから、いいか。ゆーちゃんもゆなもしんどいけどいっぱい頑張ります。

・・・●・・・●・・・●・・・●

五月六日

たくさん自分のことを教えてくれてありがとう。２日にお母さんに伝えた、トイレや給食もできたらいいなを今日すぐに実行してくれて、本当に本当に嬉しい!! 2階にものぼったし、本当にスゴイ!! と思いました。2年生と3年生の前を通った時に見てた先生もクラスメイトも喜んだと思います。校長先生をりつ子さん※の所にひっぱって行ったのもおもしろかったよー。

図書館の本ですが、みきさん※から憲法の本を読んで興味があったと聞いたので探してみたけど、リュックに入れた2冊しか図書室にはなかったなぁ……。簡単すぎたらごめんね。もう1冊は去年の読書感想画の指定図書です。今年のは今先生が読んでいるところなので、給食の時とかに一緒に読めたらいいな。

〔ゆーちゃんへ〕きもちをきかせてくれてありがとう。中学生になって、いっぱいいっぱいがんばったんだね。失敗するのが嫌だって言っていたけど、大人だって失敗するよ。迷惑かけちゃうこともたーくさんあるよ。ゆーちゃんとゆなはまだ中学生、15才だから、もっと失敗していいんだよ。そこから学べばいいし、大人や同級生もフォローもサポートもするよ。ゆなさんいがいといると合わせたり、我まんしたりもあると思う。ゆなやゆーちゃんがしんどくないように、ありのままの姿を受け入れられるのが3年生のスゴイところだし、その3年生となら楽しくすごせるんじゃないかなって期待してます。ちなみに先生は、危ないこと以外は、あまり気にしてないです。ちょっと気にした方がいいかな？ でも、

りつ子さん　学校の近所にお住まい。中2のとき学校に入れず途方に暮れていた私たち親子に声をかけ家に招き入れてくださって以来、由菜をとても可愛がってくださっている。
みきさん　中2のときに通ったフリースクールの言語聴覚士の先生。中3になってからも、保育所等訪問支援（障害児通所支援サービス）で月に数回学校を訪れ、スムーズな復学をサポートしてくださった。

ありのままのゆなもゆーちゃんも大好きよ。あと、いるか教室※（2階のはしっこ）ではDVD見たり音楽聴いたりもOKだし、授業を見たりもできるし、ゆーちゃんもゆなもリラックスして、やりたいこと（動画はゆーちゃん、本を読むのはゆなとか？　授業をリモートで見るとか？）できたらいいなーと思って整えているよ。まず給食からいるかで過ごせたら嬉しいなー。しんどいだけの学校やだよね。一緒に考えてこ!! 長くなりました。今日はこの辺で……。　京子

・・・・・・・・・

ゆなです。いっぱいいろいろ考えてくれてありがとうございます。ゆーちゃんとゆなといっぱいしんどいけど、一緒に失敗しながらがんばります。ゆーちゃんは先生といると安心するって言ってます。だからゆなもいっぱいいいと思います。

借りてきてくれたクローデットさんの本※はとってもおもしろいよ。また終わったら感想書くね。ゆなは差別と戦う人のお話はとっても好きです。だって私も社会と戦わないといけない日が来るから、ちゃんと勉強しておきたいので、とっても勉強になります。いい本をありがとう。また終わったら感想書くね。ゆなより、じゃあね、バイバイ。

いるか教室　由菜の在籍する支援学級の通称。

クローデットさんの本　『席を立たなかったクローデット――15歳、人種差別と戦って』、フィリップ・フース著、渋谷弘子訳、汐文社、2009年

失敗

中1のとき、学校に飾られる七夕の短冊に由菜が書いた願いごとは、「いっぱい失敗しませんように」でした。中学生時代は口癖のように「失敗したくない」と言って（綴って）いました。思い返せば、小学校低学年のときにはすでに、こうした傾向を発達専門医に指摘されていました。そのドクターが、「この子は相手に迷惑をかけたくないという気持ちが強い。それは障害の特性というよりは個人の性格。例えば学校の先生がマンツーマンで課題をやらせようとしてもすぐに離席してしまうのは、課題が嫌だからでも難しいからでもなく、相手の期待に応えられなくてがっかりさせてしまったらどうしようと逃げ出したくなるから」とおっしゃっていたのが記憶に残っています。

五月十一日

京子先生、ゆなです。私はついいっぱい頑張ってしまうけど、ゆっくりやりたいから、私と一緒にゆっくりやって下さいね。よろしくお願いします。私はいいのは、京子先生とゆめこ先生と一緒にしんどくても頑張ることとです。京子先生とゆめこ先生は私のことをわかってくれるからいいです。私はほんとはいろいろわかってるのに、ゆーちゃんという外側の人が言うことをきいてくれません。だからとっても困っています。それをどうしたらいいか一緒に考えて下さい。よろしくお願いします。

・・・・・・・・・・・・・

五月十二日

一気に教室まで入ったり、今めっちゃ頑張ってるね。とってもスゴイ!! でも休けいも大切だから、ゆっくりにいこうね。今先生が嬉しいのは、ゆなさんが職員室を見に行って、自分で色々な先生を連れて行ったり、声をかけに行ったりしていることです。そんな風に自分からコミュニケーションをとってる姿がとても嬉しいです。ちょっと淋しいけどね。でもすっごいね!! ゆーちゃんも少しずつ学校が好きになってくれたらいいなぁ。

月曜日に受診と聞きました。どんな話をしたのか先生にも教えてね。ゆーちゃんにもどうしてゆなのこときいてくれないのか、気持ちを教えてほしいな。前は、ゆなとずっと遊んでいたいって言っていたけど、今もそうなのかな? ゆなは、どうしたい? またいろいろ話したいな。京子

・・・・・・・・・

ゆなです。京子先生、いっぱいありがとうございます。

私はゆーちゃんです。ゆーちゃんはゆなといっぱい遊びたいです。とってもいいのは、ゆなとずっといることです。でも、ゆーちゃんも頑張りたいとは思ってるよ。だって、その方が自分のためだしね。ゆーちゃんはいっぱい体が動いてしまうからほんとにしんどいんですが、しんどいけどいっぱいいい人になりたいとは思っているよ。だから、ゆーちゃんもほんとは頑張りたいです。自信がないから逃げたいし、いっぱいあいつといると嫌とか思ってしまうけど、あいつというのはゆなのことですよ、でも私はいっぱいいいことをしたいのはゆーちゃんと同じです。ゆなでした。

（母：ゆなに変わったん（笑）？）

はい。ゆーちゃんとゆなは一緒やしな。

五月十三日

いいことをしたい気持ちと遊びたい気持ちがあるんだね。自分のためだと思っているのも大切だね。体が動いちゃったり、逃げても大丈夫だよ、自信がないと書いてるけど、先生たち、ゆなとゆーちゃんがあっという間に学校で過ごす時間が増えてビックリしてる。すごくすごく頑張ってる！って感動しているよ。ゆなとゆーちゃん二人とも頑張ってどんどん成長してる！自信持っていいと思います‼京子

・・・・・・・・・・・・

五月十六日

ゆなです。私は目標ができました。今日はお母さんに新聞の記事※を読んでもらいました。いっぱいいいと思ったのは、障害のある人が卒業式でスピーチをしていました。音声の出るアプリを使っているみたいです。ゆなも卒業式でしゃべりたいです。一緒に練習してくれませんか。よろしくお願いします。

病院は嫌なところでしたよ。私はいっぱい説明したのに全然聞いてくれませんでした。でも、京子先生と練習してパソコン打てるようになったら、ゆなの話を聞いてくれる人が増えると思います。だから私と一緒にパソコンの練習をして下さい。よろしくお願いします。ゆなはいいのは、京子先生やゆめこ先生、しの先生、ゆうじ先生、みよこ先生といっぱい練習して、いいかげんにみんなにわかってもらいたいです。ゆなは決められませんが、できる時間だけでもできるならやりたいです。京子先生よろしく

※新聞の記事　『言葉を話さない自閉症の学生が、卒業式でスピーチ。感動と勇気を与えたメッセージとは』、ハフポスト日本版、2022年5月13日

お願いします。お母さんとやっても、お母さんだからわかるんでしょって言われるから、ゆなもお母さんも嫌な気持ちになります。だから京子先生とやります。京子先生、しんどいと思うけどよろしくお願いします。ゆなと一緒にやって下さい。先生とやりたいです。よろしくお願いします。ゆなでした。じゃあね、バイバイ。

・・・・・・・・・

五月十七日

病院で嫌な思いをしちゃったのね。パソコン打てるようにがんばろう。今はパスワードを自分で打ってるね。その間はゆーちゃんも待ってくれてる気がするんだけど、ゆながパソコンで気持ちや言葉や意見を言ってる間、待っててくれるかな？　ポメラ※で打てたらいいね。歌いながらだと打てるとか家ではどうやってパソコン練習してる？　やり方考えていこう‼　先生もゆなとお話したいよ。音声の出るアプリも調べてみるね。キーボードも用意してるからね。

・・・・・・・・・

ゆなです。京子先生、いっぱいありがとうございます。私はゆーちゃんですがゆーちゃんもパソコンはやりたいので、しんどいけど頑張って練習したいです。ゆなといると楽しいけど、私とゆなといっぱい仲良くできたらもっといいので、ゆーちゃんも頑張りたいです。ポメラでやらなくても、手を押さえといてくれたら大丈夫ですよ。打ってない方の手をそっと押さえといてもらえると文字を打ちやすいです。文字は、いいのは、私は「えいごふだ」※が好きなので、えいごふだのキャラクターの名前とかいっ

ポメラ　（株）キングジムの登録商標。キーボードによるテキスト入力ツール。

ぱい打ちたいです。よろしくお願いします。ゆなより

前日の大学病院初診では、たくさんの医師に囲まれながら体のコントロールが難しく困っている状況を本人が説明しました。指談が親の自作自演と思われたようで、本人は一切相手にされず、「お母さん、残念ながらこの子には能力がないんですよ」の一点張りでした。その様子を聞いた京子先生が、本人を心配し電話をくださいました。

ゆなです。電話ありがとうございました。私は京子先生に言いたいことはないけど、いっぱいいいのは指談をやってほしいです。指談でしゃべりたいです。パソコンは練習しないと難しいけど、指談はいっぱい簡単ですよ。だから一緒にやって下さい。指談というのはいっぱいいいです。とってもいいです。ゆなはいいのは、先生と指談でいっぱい話したい。本当は言いたいこともいっぱいあるけど、いつもいっぱいしゃべれなくて嫌です。本当に先生としゃべりたいです。指談をやって下さい。よろしくお願いします。簡単ですよ、本当に。私はゆっくり書くからわかると思うよ。しんどいけどお願いします。私はパソコンはそんなに得意じゃないからいっぱい練習しないといけないけど、指談はそんなに時間かからないと思うので指談もやってほしいです。そしたら、嫌なことあった時とか先生に聞いてもらえます。聞いてほしいのは、昨日の病院は本当に嫌でした。ゆなのことをわかっていないバカと思ってるとこ

えいごふだ　Eテレの番組『えいごであそぼ』のミニコーナー。「メロンマスク」、「バスベえ」などたくさんのキャラクターが登場する。

ろが本当に嫌でした。あんな風に言われると、私はとっても嫌です。そんな気持ちを先生に直接聞いてほしいです。ゆなは指談だと嫌な気持ちもしゃべれるからいいと思います。最初は練習しないといけないけど、ゆなができるからすぐだと思うよ。ゆなより

・・・・・・・・・・

五月十八日

ゆな＆ゆーちゃんへ

指談もパソコンも練習していこうね！　先生もゆなさんやゆーちゃんと直接話せたらいいなって思っているし、ゆなさんがたくさんの人に自分の力で考えや気持ちを伝えられたらいいなって思ってるよ。全然しんどくないよ!!　むしろ、いっぱい話できる!?　ってワクワクしてるので、一緒にがんばりたいです。よろしくね。今日はパソコンで最初やったけど、支えたら自分で打ててたね！　画面の検さくバーのタップ以外は自分でできていたから、ビックリだったよ。指談も、まだ先生が力加減が上手くいかなくてゆっくりだけど、えいごふだのキャラ名からやっていこうね。とっても楽しみだよ。京子

・・・・・・・・・・

五月二十三日

（母：今日はクローデットさんの本の感想文を書いたら？）

簡単に言わないで。私は感想文は書きたくないです。だって嫌です。なんでかと言うと、はっきり言ってあの本は感動しすぎてうまく気持ちを表せません。

私の介助でポメラの入力練習をする由菜。ローマ字入力をする。キーの配列は記憶しており、視線は別の動画などを見ている方が打ちやすいそう。

（母：わかるー！　じゃあそれをそのまま書こう）

はい、そうします。感動しすぎてうまく気持ちを表せません。そんな本を選んでくれてありがとうございました。ゆなより。

（母：以上でいい？）

はっきり言って私はクローデットさんはいい人と思うけど、ほかの人はそうでもないと思ったよ。だって、クローデットさんがいっぱい頑張っても、みんないい人として一緒に協力しなかったよね。だから私は、クローデットさんとほかの人は違うなと思いました。でも、この本はクローデットさんの目線で書かれているからしょうがないよね。ゆなもいつか戦わないといけないと思うけど、そんな日は来ない方がいいなと思います。ゆなも、幸せになるために戦うなんてつらいので、幸せになりたいです。ゆなはゆいゆいとしゃべっているといっぱい戦わないといけないような気持ちになるけど、ほんとは戦いたくはありません。どんな人にも幸せになる権利ってあると思うしね。嫌ですね。困るよね。ゆなでした。

（母：以上でいいですか？）

私は幸せになりたいと思っても、周りの人がゆなはわからない子だと思っているから、幸せではありません。それをいっぱいわかってもらいたいと願っています。ゆなより。

（母：以上でいいですか？）

はい。

（母：次の本はどうする？　また京子先生に選んでもらう？）

はい。京子先生ならいい本を読んでくれると思うから、お願いします。

（母：読んでもらうというか、家で読むやつを選んでもらって借りて来たら？）

いいわ。お母さん忙しそうやし。
（母：（笑）。じゃあ学校で読んでもらう？）
はい、そうします。よろしくね、京子先生。ゆなより。じゃあね。

読書

由菜がかなり小さい頃から、本人が抱える最大の問題は、理解できること（インプット）と表出できること（アウトプット）のレベルに大きな隔たりがあることではないかと感じていました。そんななか、4歳の頃、指談とは別の介助付きコミュニケーション（サポートを受けながら50音の文字盤を指差して言葉を紡ぐ）を指導する先生にお会いする機会に恵まれました。由菜はその先生の介助のもと、「さんぽはあついのであさがいい」、「（好きなアニメは）さざえさん」など、自分の気持ちを教えてくれました。介助をしてくださった先生は私たちが散歩を日課にしていたことなど知るよしもなく、由菜は喋れなくてもやはりちゃんと理解しているのだと確信した瞬間でした。

脳の障害についていろいろと勉強をしたり専門の先生に診ていただいたりするうちに、由菜が視覚や聴覚、触覚にさまざまな問題を抱えていることがわかりました。階段を下りるときに足元を見ないのは、左右の目の焦点がきちんと合っていないため階段を実物通りに立体的に捉えることができず余計に混乱するためあえて視線をそらしていること。由菜は自分が喋れないのは聴覚が過敏であらゆる音を拾ってしまうせいではないかと考えていること。赤ちゃんのときからずっと抱っこをするとのけぞるのは、触覚過敏のせいで相手の体に触れると痛いからだということ。そんな理由があったのか！　と目から鱗の思いをすると同時に、こんな小さな体にそんなにたくさんの大きな問題を抱えているなんて……、と思ったことを覚えています。
　視覚のトレーニングと知的好奇心を満たすことを兼ね、小さいころからフラッシュカード形式でたくさんの語句を教えました。単語から文、文章へと文字数を増やし、写真と文字を配した手作りの本も祖母の協力のもとたくさん作成しました。今では新聞の記事などはしばらくながめると読めてしまうようですが、本については「いろいろと考えながら読みたいので、ゆっくり読んで聞かせてほしい」とのことで、周囲の方に読み聞かせをお願いしています。私とはよく、原田マハさんや伊坂幸太郎さんの本を読んでいます。

五月三十日

ゆなです。京子先生、いっぱいありがとうございます。ゆなはいいのは京子先生と指談でいっぱいしゃべりたいです。今日はゆーちゃんはしんどかったみたいで、ゆなもちょっといいと思いました。でも、ちょっとだけなのでいっぱいいい人にはなれないよね。とっても嫌です。ゆーちゃんといると、ゆなは忍耐というか、しんどいというか、いっぱい嫌なことがあります。そんな気持ちを京子先生にいっぱい聞いてほしいです。ゆなでした。じゃあね。バイバイ。

・・・・・・・・・・・・・

五月三十一日

「ゆなもちょっといいと思いました～とっても嫌です。」のところの意味がよくわからなかったので教えてください。

今日指談できて嬉しかった!!「おねえちゃんはゆなといるとしんどいとおもうけど、ゆなはじぶ…」の続きは何だろう。もっと話したいね。今日とっても良く読めたので、あの大きさだと先生助かります!! 指談したい時は「ゆなは～」って声だしてる感じするけど合ってるかな? おむかえの時も伝えたけど、時間延ばしていこうね。明日は13時半まで!! もっと長くいれそうならいてもいいし、しんどくなったらお母さんに迎えに来てもらってもいいよ。ゆーちゃんとも相談しながらいこう!! 京子

・・・・●・・・・●・・・・●・・・・

京子先生、いっぱいすごいですね。私は京子先生と指談できると思ったので、とってもいいと思います。いっぱいうれしいです。ありがとうございます。

ゆーちゃんがしんどいとゆなはいっぱいしんどくないのでいいんですよ。だからゆーちゃんがしんどいとゆなはいい人として過ごせるんだけど、そんなにしんどくないとあんまりいい人にはなれないから嫌ですね、という意味です。毎日いっぱい京子先生としゃべりたいです。ゆーちゃんも協力してくれるといいな。ゆなより。またね。じゃあね。

コラム　高2になった私が日々考えていること

感動症はしんどい

感動症はすごく大変です。ゆーちゃんという外側の人が私の気持ちと関係なく動いてしまいます。感動症はすごく大変だから、毎日すごく疲れます。それだけでも疲れるのに、ゆなにきちんとしなさいと言われるとすごくすごくつらい気持ちになります。きちんとするっていうのは、私とゆーちゃんにとっては大変なことです。きちんとしたくてもできません。できないとさらに悲しみが大きくなって、もっとめちゃくちゃに動いてしまいます。とってもつらいです。しんどいって気持ちを伝える手段も指談しかないから、しんどいことを人にわかってもらうことも難しいです。

「感動症」という言葉をつくったのはゆなですし、私はとってもしんどい思いをしたんですが、いっぱいゆなのことをわかってくれる人が増えてきたし、今はだいぶしんどさもなくなりました。障害者は困った人として扱われると体もすごく嫌な動きをしてしまうけど、ゆなに寄り添ってくれる人といるとしんどさも軽くなります。障害者って喋れないから何もわかっていないと思われてしまいますが、障害者は喋れないだけで、わかっていないわけではありません。感動症も、わかってないからいっぱい困った動きをするのではないということをわかってほしいです。

六月

一緒に幸せに

六月二日

ゆーちゃんとゆなが仲良く一緒に過ごせるといいと思うから一緒に頑張るよ！　先生もゆーちゃんはいい子だと思うよ。今日は最初はゆーちゃん静かだなと思ったけど、雨降りだしたらテンションアップで大騒ぎだったねぇ……。雨が好きなのかな？　料理の本を選んでやきそばのページをずっと見て「やーきーそば」って言ってたので、先生は食べたくなりました。調理実習とかできたらいいねぇ……。京子

・・・・・・・・・

京子先生、いっぱいありがとうございます。ゆーちゃんと一緒に幸せになりたいです。じいじとばあばはゆーちゃんは嫌な子と思ってるみたいだけど、ゆーちゃんはいい子ですよ。いっぱいいい子ですよ。だからゆーちゃんもゆなも幸せになりたいです。ゆなでした。じゃあね。バイバイ。じゃあね。ゆなはいっぱいゆーちゃんは好きですよ。じゃあね。

・・・・・・・・・

六月三日

先生もゆーちゃんとゆなが一緒に幸せがいいです。どっちもゆなだし、どっちも大切だもんね。今日はゆうじ先生のリクエストに応えてたくさん歌ってたねー。じいじとばあばもゆーちゃんがいい子だってきっとわかってくれると思うよ。京子

・・・・・・・・・

六月七日

新年度が始まって2カ月が経過しましたが、依然として教室に入るのが難しく短時間での登校が続いていました。半年後の二泊三日の修学旅行についてそろそろ検討が必要だということで、そもそも参加を希望しているのかどうかを含め、本人に意向を聞く時間がこの日の午前中に設けられました。

ゆなです。京子先生、私は修学旅行はとってもいいと思います。とってもいいです。とっても行きたいです。とってもいいと思います。それまでにトイレに行けるようになろうねとお母さんに言われました。私はトイレに行けるけど、いつも時間が短いので行きたいと思わないと心配しています。だから、いいのは、もっとゆっくり学校にいたいです。トイレに行くぐらい長くいたいです。トイレはとっても心配なので、私も練習しときたいです。だから私は、修学旅行に行く前に失敗しないように練習しときたいです。ゆっくりゆっくりやりたいから、早目に学校で練習したいです。とってもいいのは、学校にいる時間をはっきり言ってもっと長くしたいです。とってもいいです。とってもいいです。それはゆーちゃんは嫌っていっぱい言うけど、私はいたいから、ゆーちゃんにはとっても悪いけど我慢してもらいます。トイレを練習したいので、私はゆっくり学校にいます。

・・・・・・・・・・・・

六月八日

修学旅行までトイレ練習もがんばろうね。ゆーちゃんも協力してね。3年生と一緒に最高の思い出を作れたらいいな……！　2時まで学校にいる件は、来週が運動会練習などで時間割が複雑なので、運動会後からでどうでしょうか？ もちろん来週もトイレの練習はしたいので、トイレサインを出してくれた時は、やっぱり行かなくて平気かも……っていう時も一度トイレに行くようにしたいです。協力してくれるかな？ よろしくお願いします。来週の時間割はちょっと時間がかわっているので、お父さん、お母さんと相談して大丈夫かお返事ください。来週は月曜〜日曜まで登校です。体調と相談しながら本番の運動会に参加できるようにしたいので、スケジュールを確認して、登校時間など調整しましょう。特に木曜日大丈夫かな？ と気になってます……。

・・・・・・・・・・

ゆなです。京子先生、いっぱいいっぱいありがとうございます。ゆなは元気なので、学校に長くいるのは全然大丈夫ですよ。とっても元気なので大丈夫です。というのも、私は心臓の手術を1歳のときにしてからは心臓も元気だし、心配なところはどこにもないです。だから大丈夫ですよ。心配してくれてありがとう。いっぱいいい人ですね。ゆなは、ゆーちゃんというい っぱい感動する人といるので、ゆーちゃんはすぐ感動していっぱいついつい動いちゃうから困っていますが、それ以外はとっても元気です。だから心配しなくていいよ。いっぱいありがとうございます。私は頑張って運動会はいいものにしたいから、練習も出たいです。よろしくお願いします。ゆなより。じゃあね。バイバイ。

心臓の手術

生後1カ月検診で心雑音を指摘され、その後の精密検査で心房中隔欠損症（左心房と右心房の間の壁に穴があく病気）と診断されました。そこそこ大きな穴だったようで、1歳11カ月のときに縫合手術を行いました。1歳0カ月ですでに発達の遅れを指摘され、専門医にもかかっていましたが、当時の私は「発達が遅れているのは心臓に不具合があって脳にちゃんと酸素が届いていないせいに違いない、手術をすればだんだんと発達も追いついてくるはず」と根拠もなく信じていました。

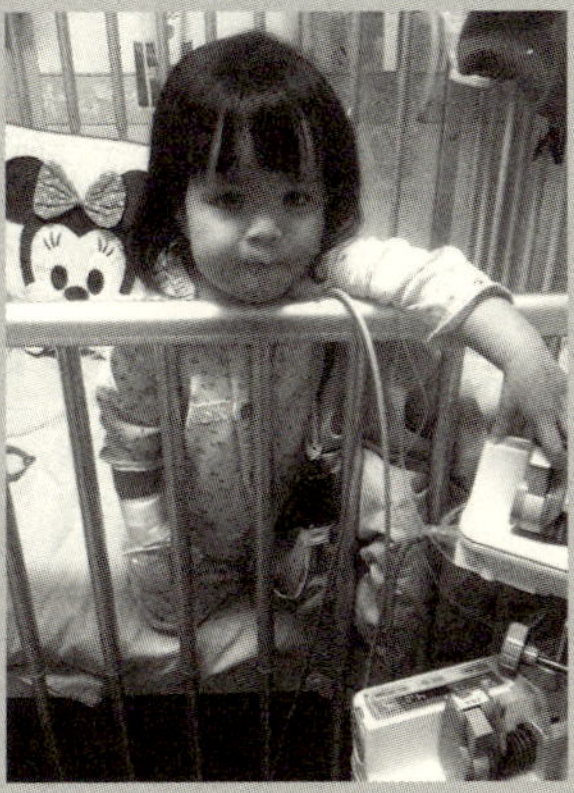

手術入院中の由菜

六月九日

ゆなが大丈夫なら一緒に頑張ろうね!! くるりが一緒に走ってくれるって！ よかったねー。（本人に指談で伝えました。「一緒にはしろう」と私が介助して書いて、いいよと言ってもらってます。）まだちょっときんちょうしていたみたいだけど、3年生みんなゆなと一緒に運動会ができること喜んでいるから、安心してね。今日は用務員さんとたくさん歌って動画もたくさん見せてたね。保健室でも来てた人に優しくしてくれてありがとう、優しいね。運動会のダンスの動画は踊りがそろって練習してる時に撮影してくれるそうなので、一緒に見ようね。アーニャ※はまた来週に読もう!! 先生はゆなの感想を聞くのを楽しみにしているよ。

・・・・・・・・・・

六月十二日

私はアーニャはとても強い人だと思いました。アーニャはずっとお父さんを探していて、私はすごいなと思いました。アーニャのお父さんはしんどいのにみんなを守っていて私はすごいなと思いました。お姉ちゃんとゆなは今けんかしていますけど、いつか仲良くしたいなと思いましたし、いつかお姉ちゃんとゆなでいいことをしたいなと思いました。ゆなはいつか社会と戦わなくてはいけない日が来ると思いますが、はっきり言ってそんな日は来ない方がいいです。いっぱいいい社会になったらいいなと思います。私は自分のできることをしたいです。いっぱいいっぱい頑張ります。

・・・・・・・・・・

六月十三日

途中あけながら読んだので話の全体はわからなかったけど、戦争は本当に人と人を苦しめるだけだし、今ロシアとウクライナの人々、ほかにも様々な場所で苦しんでいる人がいるということが悲しいです。身近な人々から仲良く生きていけたらいいね。ゆなも社会と戦わないで、共生があたり前になるといいよね。というか、それがあたり前だよなーと先生は思います。社会のシステムがまだおいついていないのかもしれないね。先生は、先生のできることをしたいと思います。まずはゆなと話すこと!! ゆなの

※ アーニャ 『アーニャはきっと、来る』、マイケル・モーパーゴ著、佐藤見果夢訳、評論社、2020年。

ことを知ること、ゆなの進学や、一緒に学校生活を楽しむことと、ゆなのお手伝いをがんばりたいなと思ってます。一緒にがんばろうね!!

ゆなさん、有言実行！今日は体育館でよくがんばりました!! かっこよかったよ！今日は雨で走ることはできなかったけど、木曜日晴れてがんばれたらいいね。緊張してた様子はあったけど、先生の手を握りしめて頑張る姿も、グループで別れて話し合いに参加している姿も、本当にステキでした。よく頑張ったね。お家でお母さんにもぜひ報告してくださいね。

今日は新しい本をリュックに入れています。今回は、少し雰囲気を変えて健常者と障害者の話のようです。先生もまだ読んでいないけど、運動会もあるし、スポーツの話もいいかな？と思って選びました。色々な人が一緒に仲良く暮らせる社会を作っていきたいね。戦うんじゃなくわかり合えたらいい社会になるのになと思います。京子

・・・・・・・・・・・・・

六月二十一日

ゆなです。運動会はとってもいっぱい楽しかったよ。自分でもよく頑張ったと思います。ゆーちゃんと一緒にいろいろ練習して、本当の意味でのゆなになりたいです。本当の意味でのゆなというのは、ゆーちゃんとゆなとゆいゆいとみんながみんな幸せになれることです。それがいいなと思いました。ゆなは京子先生とならやれる気がするよ。だからよろしくね。いつもいっぱいありがとうございます。ゆなより。ゆなでした。

・・・・・・・・・・・・・

六月二十二日

ゆなさんとゆーちゃんが一緒にがんばって、3年生と一緒に走っているのかっこよかったよー!! 先生たちもみんな喜んでました!! ゆなとゆーちゃんの、やりたい!! を本当に実行していく力を尊敬しています。努力の人だね。ゆながゆなとして幸せに生きていけるようにサポートするね♡　京子

・・・・・・・・・

京子先生、いっぱいいい人ですね。ゆーちゃんもゆなも京子先生はとってもいい人だと思います。いつもありがとう。ゆいゆいはいつもいい人とあんまり思わないんだけど、ゆいゆいも京子先生はいい人って言ってます。いっぱいいいね。

ゆなはゆずが好きです。かっこいいと思います。ゆずの曲をいっぱい知りたいから、パソコンで聴かせて下さい。そしてゆずの曲の歌詞を一緒に指談とパソコンで練習したいです。よろしくお願いします。

ゆなより。じゃあね。バイバイ。またね。

・・・・・・・・・

六月二十六日

ゆなです。京子先生はいい人ですね。私は服は脱ぎたくないのにゆーちゃんは脱いでしまうので、いつも困っています。ゆーちゃんは脱いでしまうのはどうしてなのか私はゆっくり考えたいので、京子先生がゆっくりでいいよって言ってくれてとっても助かります。本当にありがとうございます。ゆなはゆーちゃんと一緒に幸せになりたいから、ゆーちゃんと一緒に考えたいです。

私はいつもいいと思っているのは、先生は一人がいいなということです。いっぱいいると、なんというか落ち着かないので、一人にして下さい。そしたら、ゆーちゃんはちょっと落ち着いてしゃんとでき

るのかなと思っています。私は一人だと先生といろいろしゃべれるしいいなと思います。先生はとんでもなくいい人たちなので、どの先生と一人になってもゆなは大丈夫ですよ。ゆなと一緒にゆっくり一人で過ごしてもらえると助かります。わいわいするのはあんまり好きではありません。だから、先生は誰でもいいので一人で過ごして下さい。よろしくお願いします。ゆなと一緒にいろいろお話してね。よろしくお願いします。ゆなでした。じゃあね。

・・・●・・・●・・・●・・・

六月二十七日

ゆーちゃんとゆっくり相談しながらでいいですよ。下着が透けてしまったので体育着着てもらったけど、それはゆーちゃん大丈夫だったみたいだね。これからも先生も一緒に考えさせてね。先生が一人の件ですが、一人だと他の先生との連絡が難しかったり、ゆなさんの安全を守るのが難しくなるので、二人は一緒にいたいなと思ってます。靴をはくときも、二人だしね。わいわいが好きではないってことなので、ゆっくり過ごせるように支援員の先生にも伝えるね。ゆっくりゆなが落ちついて指談したりできるように、先生達も考えるね。

ゆなの希望を教えてくれてありがとう。伝えてくれると、どうすれば良かったかな？　とか先生達も考えられるし、とっても助かります。全部の希望に応えてあげることできないかもしれないけど、ゆなさんが居心地のいい場所にできるように、一緒に考えていこうね。京子

・・・●・・・●・・・●・・・

ゆなです。京子先生、ゆなは一人の先生がいいのは、ゆなと先生だけだとその先生とゆっくりしゃべれるからです。私は、みよこ先生とかゆめこ先生とかゆうじ先生とかとはあんまりゆっくりしゃべった

ことがないし、私はそんな風にゆっくりしゃべってみたいので、一人の先生といたいです。だから、ゆながが外に出てしまっても、ほかの先生とじゃなくて、その先生とどうやってゆーちゃんを落ち着けられるかを考えたいので、一人の先生についてほしいのです。ゆなはいっぱい大変な子だけど、ゆなも自分でどうにかする練習をしたいから、京子先生とだけじゃなくてほかの先生ともゆーちゃんを落ち着かせる方法を考えたいです。京子先生とはできる気がするけど、いつも京子先生といるわけじゃないし、ほかの先生ともゆーちゃんを落ち着かせる練習をしたいです。だから、私は、一人の先生と一緒に過ごしたいんです。いっぱいしんどいとは思うけど、私もいっぱい練習したいから、お願いします。京子先生は感動症のゆーちゃんと一緒にいても大丈夫だけど、ほかの先生はそんなことはないと思うので、ゆーちゃんも練習になると思います。ゆなは練習したいです。とっても大変とは思いますが、いいでしょうか。練習させてください。とってもやりたいです。

私はもしもこのまま高校生になったら、やっていけるのか自信がありません。高校生になる前にゆーちゃんと一緒に幸せに過ごせる方法を見つけたいです。私といると大変なのはわかるけど、どうか一人の先生と一緒に過ごさせてください。ゆーちゃんと一緒に練習させてください。いいでしょうか。だんだん学校にも慣れてきたので、今度はゆーちゃんとゆっくり感動症の治し方を練習したいです。私は大変な子だけど、お願いします。京子先生は半信半疑でゆなといると思うけど、ゆなは本気です。ゆなは本気で練習したいです。だから、お願いします。いいでしょうか。

いっぱい無理を言ってごめんね。とっても悪いと思っているけど、私はほんとに練習したいです。私はとってもしたいです。京子先生とじゃなくて、ほかの先生とやりたいです。京子先生とはもう大丈夫なので、ほかの先生とやりたいです。ゆいゆいはゆいゆいとして生きたいし、ゆーちゃんはゆーちゃんとしてやりたいし、ゆなはゆなとしてやりたいし、私はとっても困っています。そこをなんとか自分でゆなとして生きるためにいっぱい練習したいです。京子先生と一緒にいつまでもいられないし、私はどんないい先生に会えるかわからないから、私は自分で自分のことをコントロールできる練習をしたいです。ゆいゆいもゆーちゃんも私なので、なんとかゆなとしてしんどいけど練習したいです。京子先生とはもう大丈夫だから、いい先生としてゆなと一緒に考えてください。本当にいつもいっぱいいい先生なので、私は京子先生はもう大丈夫です。ほかの先生と練習します。だから、ほかの先生とも一人にさせてください。いいでしょうか。わいわいしてると、ゆっくりじっくり練習できないので、そんなときは一人の先生とやってみたいです。とっても大変ですが、よろしくお願いします。ゆなでした。じゃあね。バイバイ。

・・・●・・・●・・・●・・・●

六月二十八日

ゆなさん、たくさん伝えてくれてありがとう!! 自分が頑張りたいこと、なぜなのか、どうなっていきたいのか、とても伝わりました。高校へ向けて、自分で自分をコントロールできるようになりたいっていう一言とても響きました。ゆなさんは、社会と戦う！ とか自分で頑張りたいとか、たくさんの思いを抱えているんだね。そういう気持ちを伝えてくれることが先生はとっても嬉しくて、ゆなさんをもっと知ることもできて、すごくすごく嬉しいです。私以外の先生とゆーちゃんとゆなが上手く過ごせる練習がしたいんだね。今日はどうでしたか？ 4時間目ゆめこ先生と二人で楽しかったり、たくさん話できそうでしたか？ 京子先生はゆなさんを応援したいので、少し淋しいけれど、離れて他の先生とのがんばり時間を作っていきたいなと思います。がんばれゆな!! ファイト!!

日記で、他の先生たちと過ごしたこと、がんばったこと教えてくれたら嬉しいな……。京子

ゆなです。京子先生、本当にありがとうございます。ゆなと一緒に考えてくれる京子先生は私はとっても大好きです。京子先生と一緒にいるとゆなは甘えてしまうから、ゆなはほかの先生と一緒にいる時間も欲しいと思っています。甘えてばかりいると成長できないから、私は京子先生といる時間についつい甘えてしまうので、いっぱいいいのはほかの先生ともパソコンとか指談とかを練習したいです。京子先生はとってもいい先生なので、私は本当に好きですよ。ゆなは今日はゆめこ先生と過ごせてとっても楽しかったです。ゆめこ先生は私のことを心配してくれるし、いい先生なので、ゆなはとっても好きです。ゆめこ先生ともパソコンしたいです。ゆーちゃんはついつい逃げようとするけど、ゆなはやりたいから一緒にやって下さい。お願いします。ゆめこ先生とパソコンできたらいいなと思います。パソコンはいろんな人とやりたいです。よろしくお願いします。ゆなより。ゆなでした。

・・・・・・・・・・・・・

六月三十日

ゆなです。京子先生、いっぱいありがとうございます。ゆなはゆいゆいやゆーちゃんと仲良く生きていきたいから、いっぱい練習するね。と言っても、ゆなは障害者でとってもいっぱい嫌な思いをしています。例えば、先生たちの中でもゆなはダメな子だと思っている人もいるし、とっても嫌です。そんなときはどうしても体が嫌ってなってしまって、ゆーちゃんとゆいゆいがゆなよりも強くなります。だから、嫌な先生といると私は体が言うことを聞いてくれません。でも、いつもいい先生といられるわけではないし、それは練習していきたいです。とってもしんどいけど頑張ります。

ゆなはあと、天気とか月の満ち欠けとか、そういうものにもすごく影響されます。だから、しんどい時とかイライラする時は、どうしてもコントロールが難しいです。だから、そんな時は特にゆいゆいとかゆーちゃんが強いので、私は大変です。でも、それもなんとかしたいです。どうやったらいいのかはわかりませんが。

ゆなはそんなことをいっぱい考えているけど、伝える手段が無くてとっても困っています。京子先生と早く指談できるようになりたいです。よろしくお願いします。はっきり言って、指談はいいよね。でも、練習が必要だから嫌ですか？　嫌じゃなければいいなと思っています。嫌なのにやってもらうのも悪いしね。でも、京子先生ならやってくれると信じています。ゆなより。ゆなでした。

ゆなです。『星くずクライミング』※を読んで感想を書きます。私はクライミングというスポーツは知りませんでした。そんなスポーツがあるということを知ることができて、発見がありました。発見としては、ほかにも、ブラインドクライミング※という目の見えない人のための競技もあるなんて、それも発見でした。ブラインドというのは、目が見えないという意味だそうです。ブラインドってカーテンみたいなやつと思っていたんだけど、あれは見えないようにするからブラインドなんだと思いました。あかりちゃんは中1でいっぱい練習して天井まで行けるなんてすごいです。私もいつかクライミングをやってみたいです。ブラインドじゃないけど障害者だから、パラクライミングなのかな。どしんと落ちたら

星くずクライミング　『星くずクライミング』、樫崎茜著、くもん出版、２０１９年。
ブラインドクライミング　視力障害のある人のクライミング。障害者クライミング（パラクライミング）のカテゴリの一つ。

痛そうだけど、ちゃんと綱で結わえてくれるみたいだし、大丈夫ですよね。ゆいゆいはいつもゆなにいろいろ言うけど、クライミングの時はどうなんだろうと思いました。クライミングをしたら、ゆいゆいやゆーちゃんと協力できるかもしれませんね。私も一度やってみたいです。とってもいいですよね。いつもいい本を選んでくれてありがとうございます。本は本当におもしろいです。これからもよろしくお願いします。ゆなでした。京子先生、大好きですよ。じゃあね。バイバイ。

「いっぱい考えている」

由菜はよく、指談で自分の考えを人に伝えると、「そんなことまで考えてるの！　すごいねー」と言われています。（私も、由菜とスムーズに会話ができるようになった当初は、なんだか哲学者みたいだな……と思うことがよくありました。）そしてそのたびに、「ゆなは喋れないからいっぱい考える時間があるんです。ほんとは考えるのをやめたいのですが、やめられません」というようなことを答えています。そして、「○○さんも喋れなくなったらゆなと同じぐらい考えると思うよ」とも言っています。外に出せない思いは、本人が好むと好まざるとにかかわらず、自分の中でどんどん深化していくんだろうなと想像しています。

コラム　高2になった私が日々考えていること

障害というものは

障害というものは治るものではありません。治らないのにいっぱい訓練をしても、どんどんつらくなるだけです。簡単に治るのなら訓練もやってみる意味はありますが、治らないものをずっとどうにかしろと言われてもとっても困ります。私も治せるものなら治したいのですが、障害とは治せるものではないと思います。だから障害についてあれこれ治せと言われると、すごくつらい気持ちになります。

今日も、服を脱いでしまって、私はとっても困っていました。脱ぎたくないのに脱いでしまって、とっても困っていました。そんな私に、障害者だからってこの子は何を言ってもわからないと思われるのもつらいですが、着ときなさいって言われるのも、できるものならしたいけど、できないから困っているってことをわかってほしいです。

つらい気持ちをわかってほしいです。

いつも困るのは、私といる人を嫌な気持ちにさせてしまうことです。とってもつらい気持ちになります。つらいとまたコントロールが難しくなって余計に困ることをしてしまって、またつらいって思ってしまいます。とっても悲しい気持ちになります。

今日という日をとにかく無事に過ごせるっていうことが、私にはとても大切です。大切なのは人に迷惑をかけずに無事に一日を終えることって思っています。でも、そんな毎日はちょっと悲しいです。私も楽しいことや感動することをたくさんしたいです。でも、感動したら体のコントロールがきかなくなるから、どうしようかなって思っています。

由菜ちゃんは生まれる前から知ってた

元　ダイキン工業（株）子会社
（株）バイオ・シータ代表取締役
現　合同会社QSS　CEO
吉田雅一

由菜ちゃんのお母さんの里恵さんとは2000年に3ヶ月ほど一緒に仕事をしたことがあり、彼女がその後結婚して、ダイキン工業を退社したことは聞いていて、その後、企業内ベンチャーとして立ち上げた「バイオ・シータ」が忙しくなった時期に「バイトしない？」って声掛けた時、「お腹に赤ちゃんいるので、生まれてから考えさせて下さい」というのが、ある意味由菜ちゃんとの出会いでした。

翌年3月、由菜ちゃんが生まれた際、「3月生まれは天才が多いよ」というお祝い言葉と共に身長計を贈ったことで、気をよくした里恵さんがほどなくして弊社の仕事を手伝ってくれるようになりました。

由菜ちゃんは生まれながら心臓に疾患があり、里恵さんが働き始めて1年後に高槻の病院で手術することになり、それでも締め日とかには律儀に仕事に出て来る里恵さんの顔色が日増しに悪くなってきたので、ケーキを三つ買って（由菜ちゃん、お姉ちゃん、里恵さんの分）「頑張って」と渡しました。で、その後日談が、「あり

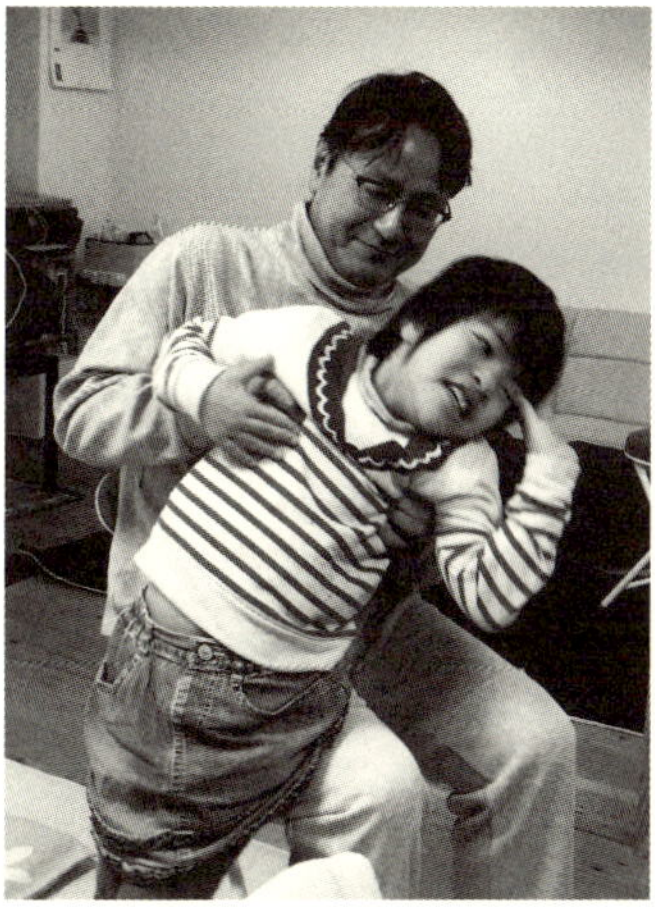

がとうございました、ただ、うちの旦那が「なぜ、俺の分ないんや」だったので心底がっかりしました」って話しで、個人的には「そういう展開？」って笑っちゃったのを覚えてます。

その後は身体面で元気になった由菜ちゃんは時折、私の事務所に来て、自由にふるまったり、私の自宅での手巻き寿司パーティで自由な発想で手巻きをしたりってのを見たりしてたのですが、その頃の里恵さんの口癖は「由菜が大人になったら障がい者が働ける会社に就職出来たらいいなぁ」ってことでした。

私自身も小さい頃は言葉をしゃべるのが遅れたりで色々障害を抱えていたりしたので、その頃の親の気持ちも分からんではなかったのですが、、、

由菜ちゃんがスマホをいじるようになり始めた頃、異様に早く画面をスクロールダウンし画像を閲覧、興味あるところは再度閲覧しているのを目撃し、里恵さんに「由菜ちゃん画像あるいは色に関しての識別能力がメッチャ高いで」って話しをしてから、里恵さんから「障がい者で働ける会社」って言葉が消えたのが、もしかしたら私の一番の貢献かも？って思ってます。

勿論、福知家が沖縄に引っ越すまで、おみやでケーキを買う時は四つです、「まぁ、なんだかなぁ？」って思いますが（笑）。

七月

お父さんのこと

七月一日

【前日六月三十日の由菜の日記の内容(「先生たちの中でもゆなはダメな子だと思っている人もいるし、とっても嫌です。」)を受けて】

ダメな子っていうのは、「できない子」という意味かな？　それとも、「悪い子」の意味かな？

先生は、人は、相手のことをゆっくりわかっていくタイプの人、関わるまで時間が必要な人と、だれでもＯＫ！　ウェルカム！で一気に距離が近くなる人がいると思ってて、それは、どちらも悪いとかじゃなく性格だなと思っているので、ゆなのことも、ゆっくり知ってもらうことも必要なのかな？　って思うよ。先生は多分ウェルカム側の人だから、イエーイ！　って言いながら仲良くなっていきたいタイプだけど、相手を知ってから初めて仲良くなるタイプの人は、知ってもらうための時間が必要だと思うので、ゆながこんなことできるよ、わかるよ、こんな歌が好きだよ、って伝えてる姿がとっても大切だなって思います。もちろん相手がそれを受け入れてくれたら最高だよね。今まで色々嫌なこともあったんだね。嫌な態度を取られると仲良くしたくなくなったり、がっかりしたりするよね。そういうことがない人生が良いね。

天気や月のことでのイライラ、あるあるーって感じです。雨の前に頭痛くなったり、生理の時イライラしたり、つかれてたり、毎日元気いっぱいハッピーでいられたらいいけど、そうもいかないので、イライラしたり、コントロール難しい時は、気にせずサポートを受けてください。指談もちろん大歓迎‼　イライラして、大きく動かすのも嫌って時は手に「×」と書いてくれてもいいよ。伝えてね。

今日はお父さんとお母さんが来ていて嬉しそうだったね。ダンスも見れて良かったねー。３年生と一緒に写真を撮れたし、笑顔のゆなが見れて嬉しかったです。

『星くずクライミング』面白かったようでよかったです。クライミング、先生もとってもやってみたいスポーツなんです。もう一度読んでみようね。水泳も楽しみだね。京子

・・・・・・・・・・・

ゆなです。京子先生、いつもいっぱいありがとうございます。ゆなはいつもいっぱい感動してしまってすぐ動いてしまうから、体のコントロールがほんとに難しいです。それをたくさんの人にわかってもらいたいです。私はわかってないから動いてしまうのではなくて、わかっているけど動いてしまうということを、ほんとにみんなに知ってほしいです。みんなというのは、例えば先生方や3年生です。どうやったらわかってもらえるか一緒に考えてください。お願いします。わいわいしてるとすぐ動いちゃうけど、ほんとはじっくりゆっくりやりたいです。いつも困っています。どうしてもいっぱい動くとゆなはわかってないから動いちゃうんだと言われるから、ほんとに嫌です。なんとかしてわかってほしいです。

でも、そんなことを言っても、ゆながしゃべってるってまず信じてもらえないから、やっぱりパソコンをやるしかないなといつも思っています。パソコンは早くできるようになりたいです。ゆなはとっても頑張りたいです。でも、体が動くからやりたいように見えないのもまた困っています。こんなことでいつもいつも困ってるっていうことを、いっぱいの人に知ってほしいです。どうしたらいいかわからないので、京子先生と考えたいです。ゆなでした。じゃあね。バイバイ。

『星くずクライミング』はとってもいい本です。わたしはとっても好きですよ。私の好きな本の1位にしてもいいですよ。ゆなでした。じゃあね。

・・・・・・・・・・・

七月四日

ゆなさん今日はたくさん動いちゃう日でしたね。心がザワザワの日だったのかな？　指で手やうでをひっかいてくるのは、「イヤ」のサインかな？と思ったけど合っていますか？　先生はゆなさんと日記でたくさんお話できるから、ゆなさんの考えていることが伝わったり、どう思ってる？って聞けるけど、ほかの3年生はそうではないので、わかってもらうには先生が伝えたり、フリータイムにパソコンを使っている時を見てもらって、ゆなができる！というのを見てもらうのがいいかなーと思うんだけどどうかな？

体が動いてしまうことは、特性のこともあるし、今はそれをおさえる練習中なので、先生たちにも体をおさえてもらったり、動かしてもらったりするサポートをしてもらって、少しずつコントロールする練習をしましょうか。先週は、一人の先生との時間を長めにもったけど、ゆなさんが動いてしまうことがいつもより多かったように思います。動いてしまった時にヘルプを出すことも大切な力だと思うし、先生にもサポートさせてほしいな。スモールステップでゆーちゃんをおいてきぼりにしないように、練習していくのはどうですか？　ゆーちゃんにも相談してみてね。「くつをはく」「マスクを付ける」はだいぶできるようになっているし、切りかえも少しずつ早くなっていると思うよ。ゆなさんもゆーちゃんもとてもがんばっていると思います。

パソコンも指談も練習しようね。3年生と一緒の時間ももっと増やしたいな。今日はこゆきさんが来てくれてよかったねー！　2年生も一緒でしたね。こういう時間も増やそうね。早くいるか教室のクーラー直ったらいいね。京子

•・・・•・・・•・・・•・・・•

ゆなです。京子先生、いっぱいありがとうございます。ゆなはやる気満々だけど、ゆーちゃんはそうでもないから、ゆーちゃんを一緒に頑張らせるのはとっても大変です。でも、ゆーちゃんは私の一部だから、ゆーちゃんのことをもっといっぱいわかりたいです。ゆーちゃんはとんでもなくいい子ですが、いい子だけどちょっと感動しすぎるから困ります。私はゆーちゃんと一緒に幸せになりたいから、一緒にゆっくりやるね。京子先生が一緒ならできそうです。とってもいいです。ありがとうございます。

ゆーちゃんはとってもいい子ですよ。じゃんじゃん練習するのは嫌みたいだけど、ゆーちゃんも頑張りたいからいいよね。でもゆなはわいわいやるのは嫌だし、一人の先生とじっくりやりたいから、いっぱい嫌です。どうしようかな。とっても困ります。感動症はいっぱい嫌です。でもしょうがないですね。ゆなはいっぱい頑張りたいけど、ゆーちゃんはそうでもないから、ほんとに困ります。どうしようかな。でもしょうがないよね。ゆなはとってもやりたいです。でも、ゆーちゃんは嫌みたい。どうしたらいいんでしょうか。じゃあね。バイバイ。ゆなでした。

ゆーちゃんはいい子ですよ。でもゆーちゃんといると疲れるよ。どうしようかな。困りました。ほんとに困りました。感動症は嫌ですね。じゃんじゃん頑張りたいのに頑張れないのはほんとにつらいです。ゆなでした。バイバイ。

・・・・・・・・・・

七月五日

ゆーちゃんはゆなさんの一部だから、二人一緒に幸せになるために、ゆーちゃんがムリしてしまうことも、ゆながんばりたい気持を我まんしてしまうことも嫌だな……と思うので、ゆーちゃんががんばれる日にたくさんがんばって、ゆーちゃんがもームリ!! って日は、少しゆっくりしてという感じで日によって変えてみるのはどうですか？ 今日は、ゆーちゃんも興味があったのか、社会の教科書たくさん読めたね。給食からは、わいわいしてもいいのかなー？ その日その日でできることをやっていこう!! ゆーちゃんにも協力してもらって、二人でバランス取っていこうね。

先生が思いついたのは、ゆながかんばりたい時にゆーちゃんが出てきそうになったら、体をおさえる、歌や動画とかで気持ちを向けてもらうかなぁ……。どうでしょうか……。一緒に考えようね。色々やってみるので、これ良かった!! っていうことがあれば教えてください。木曜日の水泳楽しみにしています!! 水泳帽忘れずにー！ 京子

・・・・●・・・・●・・・・●

ゆなです。京子先生、いい人ですね。ゆなは、いっぱいありがとうと思います。とってもいい人ですね。京子先生とならがんばれるよ。指談は、いいのは、えいごふだの練習をしたいです。練習してからじゃないと、気持ちを言うのは難しいです。だから、えいごふだのキャラクターの名前を一緒に書いてください。よろしくお願いします。とってもいいのは、京子先生と指談できることです。早く先生に気持ちを聞いてほしいです。とんでもなく早く聞いてほしいです。お父さんのこととか、聞いてほしいです。じゃあね。バイバイ。ゆなでした。

『星くずクライミング』はもう読んだのでいいです。京子先生、また次の本をお願いします。それと、クライミングをやりたいです。京子先生とやりたいです。どうしたらできるか考えてもらえませんか。よろしくお願いします。ゆなでした。じゃあね。バイバイ。

・・・・●・・・・●・・・・●

七月六日
ゆなさんの気持ちや、ないしょの話もしたいので指談練習しようね。大きく書いてもらわないと読めないので、キャラ名からいきましょう。ゆなの気持ち直接ききたいよ。がんばるね。今回の本は、クスッと笑えるかな？と思って『東京藝大』※にしてみました。美校※に出てくる人は、先生からしたら、いるいるーっ！って感じの人たちです。世の中にはいろんな人がいるよねー。今日プールたのしかったね。3年での給食明日も行けそう？友達とのご飯どうでしたか？先生はうれしかったよー。京子

…………

ゆなです。京子先生、いっぱいいい人ですね。ゆなはプールはとっても楽しかったよ。プールはとってもいいよね。プールに入るとどんでもなく気持ちがいい感じになります。でも、今日はとってもつらかったから、私はいっぱい嫌な気持ちでした。でも、プールに入れていっぱい楽しかったよ。ほんとに早く指談してほしいです。お父さんのことは聞いてほしいことがいっぱいあるよ。とんでもなく嫌なことを言われたから、聞いてください。私は京子先生に聞いてほしいです。

お父さんはゆなといるとイライラするしもう一緒にいたくないって言ってました。でも、そんなこと言われても、私も困ります。私だってゆーちゃんと一緒にいるのはしんどいのに、そんなこと言われてもほんとに困ります。イライラしてるのは自分の体のせいなのに、そんなことゆなに言われてもほんと

東京藝大　『最後の秘教　東京藝大――天才たちのカオスな日常』、二宮敦人著、新潮社、2016年。
美校　東京芸術大学美術学部のこと。美校は前身の東京美術学校の略称でもある。

に知らんやんって感じです。ゆなはお父さんといるとしんどいよ。でもゆなのお父さんはお父さんしかいないから、しょうがないよね。しんどいけどしょうがないよね。私はいつもしんどいのにそれを全然わかろうとしないお父さんは、ほんとにどんな嫌な奴やねんと思います。私は自分でもつらいのにそれをいっぱい言ってくるって、自分のつらさだけでも精一杯なのに、人に言われるととんでもなく嫌になります。私のことをなんにもわかっていないお父さんは、自分の子どもなのにどんな親やねんと思います。どんな親って、こんな親ですけどね。いっぱいムカつくわ。じゃあね。バイバイ。ゆなでした。

・・・・・・・・・・・・

七月七日

プールで気分が変わったのなら良かったです。水の中のゆなさんとっても楽しそうで、先生嬉しかったよ。今日もとっても楽しそうだったね！ 3年生と一緒にできて良かったね。またプールしようね！校長先生が他学年の時にも入っていいって言ってくださったので、来週の時間割見ながら計画しますね。ゆなさんは毎日でもプールに入りたいですか？

お父さんの話キツいね。ムカつく気持ち、悲しくなったりがっかりしたり、傷付いただろうなって先生は悲しくなりました。学校にいる間は、たくさん楽しいことや、勉強や、プールしてリフレッシュしょうね。先生達はみんなゆなさんが大好きだよ。今日はまた新しい先生とも一緒に過ごしたね。寄席の動画を紹介していたのは、笑っちゃいました。寄席好きなの？ 先生は飛行機の中でイヤホンで落語を聞くの好きでしたよ。小学生の頃「じゅげむ」を覚えたりもしました。京子

・・・・・・・・・・・・

ゆなです。京子先生、いっぱいいい人ですね。私は京子先生と一緒にいろいろ頑張りたいです。とっ

てもいいのは指談です。指談は練習がいるけど、京子先生ならいっぱいできるよ。だからやってね。ゆなは、お父さんの話とかお母さんの話とかじいじの話とかばあばの話とかお姉ちゃんの話とかいっぱい聞いてほしいです。どんどん言いたいことがたまってるので早く指談しようね。いいですか。

とんでもなくいいのは、京子先生と私は一緒にいっぱいいろんなことをしたいです。特にしたいのはクライミングです。そんなことは無理ですか。あとやりたいのは、近所のパーマ屋さんで散髪したいです。いいのは、京子先生と一緒に行っていっぱい話しながら散髪したいです。とってもいいよね。

家にいるとうるさいって言われるけど、私は別にいっぱい声を出したいわけではありません。だって私も声を出すのはしんどいよ。私は悪い子じゃないのにお父さんは悪い子と思ってるからほんとに嫌です。とっても嫌です。私はいっぱい嫌です。とんでもなく嫌です。ほんとに嫌です。

プールは、いいのはいっぱいやりたいです。毎日でもいいよ。ほんとにいいんですか。それはとってもうれしいです。あと、テレビ寄席をかけたのは、先生が好きかなと思ってかけました。ゆなはどんなに好きかというと、それほどでもないよ。じゃあね。バイバイ。ゆなでした。

明日また会えるのを楽しみにしてるよ。先生と会えるととっても幸せになるよ。じゃあね。バイバイ。ゆなでした。

「うるさいって言われる」

由菜は発話はできませんが、メロディで歌を歌ったり、音の抑揚で単語を伝えたりはします。いわゆる常同行動の一種なのか、同じフレーズを何度も繰り返すこともよくあります。また、「んー」といううなり声のような大きな音を出していることもあります。これは、本人によると、聴覚過敏でいろんな音が聞こえてしまうつらさを自分の声で紛らわすためだそうです。

声量のコントロールも難しいようで、おなかの底から張り上げるような大きな声を出すことが多いので、ついこちらも「うるさいよ」と言ってしまいます。でもやはり、あれだけの大きな声をずっと出し続ける本人がいちばんしんどいのだろうなと思います。

七月十一日

ゆなさん今日髪がすっきりしてましたね。今日先生は多分7年、8年ぶりくらいにプールに入った気がします。気持ち良かったー!! ゆなさんのおかげだねぇ……♡　ありがと!!

金曜日、ゆなの気持ちを聞き取りながら、悲しいような、モヤモヤするような気持ちになりました。そして、ぎゅっとゆなさんを抱きしめたくなったよ。４月からの短い３ヶ月間だけど、ゆなさんが学校に入って図書室にいるようになったこと、嫌な思いをしたこともたくさんあっただろうに、それでも、新しく人に関わって、知ってもらおうとすることをあきらめずにがんばったこと、たくさん挑戦していることを知っています。本当に先生が想像するよりもたくさんたくさん努力して、がんばっているんだろうなって思います。それは京子先生だけじゃなく、一緒に過ごしている先生方も、知っているよ。だから、お父さんに伝わっていないっていうのがさびしいし、もったいないなと思いました。とってもとってもいい子なのにね。大好きな人に伝わらないと悲しいよね。そしてずっと一緒にいた人をムリとか許せないとか思っちゃうの、自分自身にもダメージありますよね。本当はそんなこと思いたくないもんね。家族が一番の応援団なのがいいのになぁと思いました。先生は学校でゆながとってもがんばっていることを通知表でお伝えするので、少しでも伝わるといいな。文章上手じゃないけどがんばるね！京子

・・・・・・・・・・・

ゆなです。いつもありがとうございます。

私はいっぱい嫌なことがあります。とっても嫌です。それは、いっぱいの人が私のことをわかってくれないことです。全然わかってくれません。私はいつも自分と戦っていて一生懸命なのに、それをわかってくれない人がほんとにいっぱいいます。ほんとにいっぱいです。ほんとにいっぱいです。そんなことをわからないのに、ゆなのお父さんとか言わないでほしいです。お父さんは私のことをほんとにわかっていません。私はしんどいです。お父さんという人と一緒にいるのがほんとにしんどいです。もう無理です。無理だけどどうしようもないっていうのがほんとに困ります。無理なら逃げたらいいってお母さんは言うけど、逃げたくてもゆーちゃんがすぐお父さんになんかしに行くし、ゆいゆいもすぐお父さんに嫌なことしに行くし、私はいつも困っています。どうしたらお父さんとしゃべらないですむか、いっぱい悩んでいます。しゃべりたくなくてもゆーちゃんがすぐお父さんのところに行こうとするし、私はいつも嫌な気持ちになっています。

でも、私もいっぱいいいと思うのは、お父さんとしゃべるとちょっとはいいところも見えるかなと思っ

てしゃべるんだけど、いつもしんどいことを言われるだけで嫌になります。私はいっぱいしんどいのに、ちっともわかってくれないお父さんは、もうほんとに無理です。無理なときはどうしたらいいのか、私はほんとに困っています。わからない人というのは、いくら伝えてもわかってくれないですね。それは今までいっぱいわかってるつもりだったけど、自分のお父さんがそんな人とは思ってなかったから、私はとってもショックです。ショックだけどしょうがないかとも思うし、とっても嫌な気持ちです。

私はいつも京子先生といっぱい頑張ってるのに、それを全然知ろうともしないで私のことを悪く言うのはほんとに許せないと思ってしまいます。許せないって思いたくないけど、でも、（ここで暴れる）許せないと思ってしまいたくはないんだけど、どうしてもやっぱり許せないです。許せないって思ってもいいってお母さんは言うけど、許せないっていう気持ちって嫌な気持ちだから、ゆなは思いたくないんですよ、ほんとは。嫌ですね、ほんとに。どうしたらいいかなあといっぱい悩んでいます。とっても嫌です。いっぱい嫌です。（ここでいったん場を離れる）

いっぱい嫌なのは、いつもゆなのことを悪く言うことです。ゆなはとってもいい子にしたいと願っているのに、そんな気持ちを全然わかろうとしてくれません。私はお父さんといるととってもみじめな気持ちになります。みじめというか、嫌な気持ちというか、私ってダメな子だよねと思ってしまいます。そんな気持ちをほんとに全くわかってくれないお父さんは、どんな親やねんっていっぱい思います。どんな親って、こんな親ですよね。もう嫌になるよ。でも私のお父さんはお父さんしかいないし、いつも仕事頑張ってくれてるし、ついついしょうがないなと思っちゃうんだけど、でもやっぱり許せないのは許せないし、とっても嫌です。私はいっぱい嫌な気持ちになっていて、嫌な気持ちになっていると余計にゆーちゃんのコントロールもきかないし、ほんとに困っています。ほんとに困っています。でも、そんな気持ちをわかってくれないなんて、とっても悲しいです。悲しいね、なんか。とっても悲しいです。私は悲しい気持ちやいっぱい嫌な気持ちとはいつもいっぱいいっぱいさよならしたいんだけど、どうしてもさよならできずに嫌だなと思っています。いっぱい困りました。

私はお父さんといるともうほんとにしんどいから、なんかどこかで暮らしたいなとかも思っています。いっぱいケンカするとそんなときはアンパンマンが来て仲直りさせてくれるといいんだけど、アンパンマンはいないしでんでんむし※もいないし、ほんとにいっぱい困りました。お父さんといるとつらいよ。私はお父さんといたくないです。もう嫌です。つらいです。はっきりいってどこかに家出したいです。どんな風にできるかわからないけど、家出したいな。ゆなでした。じゃあね。バイバイ。

・・・・・・・・・・

七月十二日

ゆなです。先生いっぱいいい人ですね。私は今日は家に帰りたかったけど、こんな私の気持ちをついついいっぱいわかってくれて、私はほんとに幸せ者だなと思いました。私は失敗するのがいつも嫌なんだけど、いっぱい私のことをわかってくれる京子先生となら、いっぱい失敗しても平気と思えるようになりました。先生はとってもすごい人ですね。私は先生といっぱいいついつい頑張りたいです。先生といるとほんとに幸せです。ゆなでした。じゃあね。バイバイ。またね。

でんでんむし　由菜の心の中の守り神。「見た目はかたつむり」、「優しくてかっこよくて、ゆなにいつもいいことを言ってくれる」、「ずっといるからいつからいるかはわからない」とのこと。

ゆなは明日は京子先生に会えないけど、京子先生とはもう心でつながってるから、ちょっとぐらい会えなくても平気ですよ。京子先生はどうですか。ゆなはいっぱいお父さんに嫌な目にあわされても、京子先生といると平気と思えます。とってもいいよね。京子先生といるとほんとに幸せです。京子先生は私にとって、もんじゃ焼きみたいなものです。もんじゃ焼きって、いっぱいいいのは、いろんな形になっておいしくなるところだけど、京子先生も私を見ていろんな形で私と接してくれるから、ほんとにすごいなと思います。私はもんじゃ焼きはいっぱいいいと思います。いつか一緒に食べたいですね。じゃあね。バイバイ。ゆなでした。

・・・・・・・・・・

七月十三日

もんじゃ焼きいいね!! 涼しくなったら調理実習でもんじゃ作ってもいいねえ……。夏は暑いからそうめんとかがいいなー。ゼリーとかアイスもいいなぁー。一緒にいて、失敗してもいいなと大丈夫って思ってくれるの嬉しいな。先生もゆなと一緒ならたくさん挑戦して一緒にクリアする喜びも失敗して次がんばろう! って気持ちも共有したいって思います。

・・・・・・・・・・

京子先生、私は今日いいことがあったよ。大阪の時代にお世話になった田中さんというおばちゃんと久しぶりにしゃべりました。田中さんはいつも私のことを心配してくれてた人なので私は田中さんがとっても好きです。私と指談でいっぱいしゃべってくれてとってもうれしかったです。なんと言っても私の指談をあやしいとか思ってないのがほんとにうれしかったよ。じゃあね。ゆなでした。バイバイ。

・・・・・・・・・・

七月十五日

それは良かったね！ ゆなと話す人がどんどん増えて、ふつうになるといいよね。今日、地震津波の動画はこわかったかな？ 避難訓練のワークシートを入れておくので、自宅で地震があったらどこに逃げるといいかをハザードマップとかを見て確認してみてね。京子

・・・・・・・・・・・・・

ゆなです。京子先生、私は地震はとってもこわいです。私は大阪にいるときにとても大きな地震を経験したので、私は地震はほんとにこわいです。とってもいいのは地震が来なければいいけど、来ないわけにもいかないから準備しないといけないと思っています。私は先日の津波警報でとってもこわい思いをしました。ゴルフ場に逃げたけど、なんと言うか、私はとってもしんどかったです。とってもしんどい理由は、お父さんやお姉ちゃんがうるさいって言うからです。だから私は、今度逃げるときは、ゆーちゃんとゆいゆいとゆなとじいじとばあばとお母さんとで逃げたいです。いっぱい嫌ですね。じゃあね。バイバイ。ゆなでした。

お父さんのこと

このころのお父さんはひどい腰痛にみまわれ、休職し自宅で静養していました。複数の病院をはしごしても原因や治療法がわからず、動くこともままならない状態で数カ月が経過していました。最終的には腰椎椎間板ヘルニアと診断されすぐに手術を受けることになるのですが、相当な痛みのせいもありかなりイライラしていました。由菜は次第に耐えきれなくなり、学校で私を介して京子先生につらい気持ちを聞いてもらったり、私を伴い近所のホテルに「家出」をしたりしてなんとかこの時期を乗り切りました。

高校生になった由菜は、心理士の先生による指談を用いた心のケアセッションの中で、お父さんに次のようなメッセージを伝えています。「私は中学生のとき本当に大変でした。心折れることが多くて、毎日泣いて帰りたいくらいでした。家の中でも自分の思うようにいかず、お姉ちゃんは怒るし、お父さんは……。お父さんは大変だったと思うんです。移住してお仕事はあるの？ってみんなから言われたと思うし。でも、家族4人が生活するのに必要なこと、それはお金でしょ。だからお父さんはほんまに必死やったとおもう。ゆなだって必死やったから、必死どうし頑張ってたはずなのに、ゆなは自分の必死のほうを大事にしすぎたと思ってる。」

先生に「反省してるの？謝りたいの？」と聞かれると小さくうなずき、「お父さん、ありがとう」と綴っていました。

コラム　高2になった私が日々考えていること

「いい人」

日記を読むと、「いい人ですね」っていっぱい書いていることに気づきました。

京子先生に感謝を伝えたくて書いていましたが、「いい人」という言葉は人を評価してるみたいだから表現を変えたら？って言われて感動しました。感動して、とってもいいことを教えてもらったと思いました。ゆなは評価しているつもりはなくても、相手が評価されてるって感じたら、評価してることになるってわかりました。

今は、評価したくないから、「いい人」って言い方はしないようにしています。

知的障害って何？

由菜の祖父　松尾静晴

私の孫娘、由菜は、一般的に重度知的障害児と言われています。幼少時から感覚、運動の両面にさまざまな問題を抱えているようでしたが、言葉を話せないことも解ってきました。今も言葉を話すことができないことと行動を自分でコントロールできないことは大きな課題として残っています。

由菜の動作などを見て感じる特徴的なこととして、全てを画像として捉え且つ記憶していると思われること、手指を動かす、聴く、見る、考える、理解し判断するなど複数のことを並列で同時に行なっていることがあります。端的な例として、母親と指談している様子ですが、テレビの音声を聴きながら右手でタブレットを操作してYouTubeを見つつ、左手で指談をしながらそれを読みとって音声にしている母親の声を聴いています。読み取りが間違っていたりテレビのチャンネルを変えたりすると即座に反応して訂正したり怒ったりするので全てをやっていることは確認できます。同時にふたつのことができない私には今でも目の前で行なわれている光景は信じ難いものです。現在でも家に居る時は大半をテレビを聴きながらタブレットでYouTubeを見て過ごし、大好きな歌のメロディで言葉にならない音声で歌ったり、時には家の中を歩き回ったりしています。

また人の邪魔になることや嫌がることをよくします。いくら注意しても叱っても効果はありません。聞き分けの悪い幼児そのものの行動です。

そんな由菜に私が衝撃を受けたのは数年前のことでした。指談により母親とコミュニケーションがとれる様になっていた由菜があることについての考えを伝え母親がそれを書き起こしたものを読んだ時です。それは老年の私でも書けないと思わせる程の理路整然とした感情豊かな見事なものでした。これが本当に「重度知的障害」と言われる由菜のものかと驚きました。以後時々意見や考えを指談で母親を介して聞いたり読んだりしていますが何時もびっくりしたり喜んだりです。外から見ることができるいわゆる「読み書き算盤」の能力は有るのか無いのか今でも私には解りませんが、思考力、判断力、観察力の類いは私以上に豊かだと感じています。

この由菜の行動を通し一般的に「知的障害児」と呼ばれる子供達は本当に知的障害なのかと考えさせられました。脳の一部に障害はあるが「知的」な障害では無いと思っています。由菜は決して「重度知的障害」ではありません。「重度脳機能障害」の方がより適切だと思います。コンピューターに例えるとＩＮＰＵＴとＣＰＵは正常でＯＵＴＰＵＴのコントロール系が不調という感じです。母親が「制御がこわれたロボット」と例えていましたが言い得て妙です。

最後に京子先生始め多くの皆様に多大な御支援を頂いていることを感謝し、心よりお礼申し上げます。今後共よろしくお願いします。

八月

いっぱい頑張りたい

八月二十六日

２学期スタート！ １学期とっても頑張ってくれた由菜さん。２学期は少しずつ１組の教室※に入るチャレンジをしたいです。どうですか？ もちろん「ゆなもゆーちゃんも無理をしない」「一気に全部しようと思わず、少しずつでＯＫ」が大事です。

・クラスにいながら、一緒に授業を聞くもＯＫ！
・教室から出たくなったら出てもＯＫ！（出た後は、いるか教室か図書室に行こうね）
・教室内でパソコンもＯＫ！（入力練習でもいいし、音は小さめにして動画見てもいいよ）

先生も一緒にいるからね♡

今日は、いるか教室と体育館に入れましたね。１組教室に入るチャレンジは続けようね。ゆーちゃんとゆいゆいと相談しながら！ でもゆながやりたい！と思っているので、京子先生はちょっと多めにゆなのお手伝い（体をもって動かしたり、おさえたり）しますね。ゆーちゃんもがんばってくれたら嬉しい！ 今日は３年生と会って緊張してたかんじだったね。とってもよくがんばったと思う‼ 来週もがんばろー‼

来週の時間割入れておきます。学活と道徳に入れたらいいな。英語も最初のところは歌だからゆーちゃんも一緒に楽しめないかなーって先生も待ってくれてる！ 大歓迎って言っていたよ。水泳も入れながらやろうね。でもムリしない‼ できなくても責めない‼ ゆなとゆーちゃんとゆいゆいのペースも大切に……‼ 京子

※１組の教室　原学級（交流学級）にあたる普通学級

★給食の時に自分から指談で「ゆなといれ」と書いてくれました!! トイレに行って大成功!! とってもとっても嬉しいです。ありがとう！ 先生にトイレ成功させてくれてありがとうね。指談の文字も大きくてわかったよ!! ありがとう！ 嬉しい!!

・・・・・・・・・・

ゆなです。私はとってもうれしいです。京子先生いっぱいいい人ですね。私は京子先生とゆっくりしっかり頑張りたいです。私は京子先生と一緒に頑張りたいです。私と一緒に頑張って下さい。よろしくお願いします。ゆなは京子先生とゆいゆいとゆーちゃんと一緒にいっぱい頑張りたいです。とんでもなくいっぱい頑張りたいです。しんどいけどいっぱい頑張りたいです。

ゆなはしんどいのは自分のことをわかってもらえないことなので、頑張るのはしんどいわけではありません。しっかり頑張りたいです。どんなにいっぱい頑張っても私は障害者ですが、それでも私は自分らしくいたいから頑張って自分らしくいられる様にしたいです。ゆいゆいとゆーちゃんも一緒に頑張ります。

重度の障害者ですが、わいわいしていても本当はいっぱいしんどい思いをしていることをわかってもらえるように、ゆなは自分で文字を打てるようにしっかりパソコンもやりたいです。ゆいゆいはしっかりしてるから、ゆいゆいが一番になって頑張るそうです。ゆなはゆいゆいに一緒に頑張ってもらえると感動症は治るかな？ 治ればいいなあ。それならもっとゆなといるのがしんどくなくなるよね。じんじんする様な私の思いをみんなにわかってほしいです。ゆなは人間だからしんどい時もあるけど、しんどいけどやりたいことは頑張りたいです。頑張りますから一緒にいっぱい頑張ってね。お願いします。ゆなでした。じゃあね。バイバイ。ゆなより。しんどいけど頑張る。

八月二十七日

ゆなです。本を読み終わりました。私はとってもおもしろい本だと思いました。でも私はとっても恥ずかしがり屋なので芸大には行けないなと思います。芸大の人はとってもすごい人たちだから、私は芸大には入れないですね。

でも大学には行きたいと思っています。大学でがんばって障害者のことをもっとみんなにわかってもらいたいです。大学に行ったら、障害者が幸せに生きられるような研究をしたいです。ゆなより。ゆなでした。じゃあね。

コラム　高2になった私が日々考えていること

社会と障害者

障害は社会にあるって話を聞いたことがあります。※　社会にあるから、「障害」っていう言葉はひらがなじゃなくて漢字にしてるって話を聞いたことがあります。障害が社会にあるから、ひらがなにしてぼやけてしまうとそれがわかりにくいから、漢字の「害」っていう字を使い続けるべきという考え方です。

社会に障害があるのなら、社会を変えたら障害はなくなるのでしょうか。障害は社会にとって困ったものという考え方を変えない限り、障害者は社会の中では困った存在であり続けます。私はそれを研究したいってずっと思っています。

障害とはいったいなんでしょうか。私はずっと考えています。障害は社会にあるって言われても、社会に障害があるというのはどういうことなのかを知りたいと思っています。

障害者にとって社会はとても生きづらい場所です。生きやすくするにはどうしたらいいのか、ずっと考えています。私にとって生きやすい社会とは、障害がある人も自分らしく生きられる社会です。そんな社会をつくるのには、障害者のことをもっと知ってもらう必要があります。私は障害者のことを知ってもらう方法についていろいろ悩んでいます。どうしたら伝わるのかは、まだわかりません。

いっぱい知ってほしいと私の気持ちをぶつけても、聴く気がない人には届きません。聴こうと思ってもらうにはどうしたらいいのか、常に悩んでいます。

社会について勉強したいと思っているんですが、とっても困るのは、障害児は勉強は無理って思われていることです。勉強してもわかるはずもないと思われていることが、社会の障害なのかもしれません。社会に障害があるということは、学校にも障害があって、それをインクルーシブ教育が解決してくれたらいいってずっと思っています。解決にはとっても時間がかかりそうですが、ゆなも頑張って少しでも障害者のことをわかってもらえるようにしたいです。

※母注：障害の「社会モデル」。障害とは個人の機能的問題と社会的障壁の相互作用によって創り出されているものであり、社会的障壁を取り除くのは社会の責務であるとする考え方。かつては「医学モデル」（障害を個人の機能的問題と捉え、治療などによって社会に適応していく責任を個人に求める考え方）が主流でしたが、日本では10年ほど前から「社会モデル」重視へとシフトしてきたようです。

九月

叶わない恋

九月一日

ゆなです。私は京子先生と一緒に頑張りたいです。京子先生と一緒にやりたいから、ほかの先生とは嫌です。だって京子先生と一緒にやりたいのに、ほかの先生と一緒にやるとはっきりいってとんでもなくいっぱい緊張します。私はとってもいっぱい緊張してしまうので、京子先生と一緒にしんどいことを乗り越えたいです。一緒に3年生の教室に行って下さい。よろしくお願いします。

そして、ほかの先生とはしんどい時の休憩とか給食とかそういうことを一緒にやりたいです。私は京子先生としんどいことを失敗しながら一緒にやりたいので、京子先生と感動症の練習をしたいです。失敗するのは嫌なので、京子先生と失敗したいです。3年生の教室に入るのはとっても緊張するから、それは京子先生とやりたいです。

そしてそのあとの休憩とかそういう時間をほかの先生とすごしたいです。3年と一緒に過ごす時は京子先生がいいです。よろしくお願いします。ゆなと一緒に3年の教室に行って下さいね。よろしくお願いします。じゃあね。バイバイ。ゆなでした。しんどいけど頑張ります。じゃあね。

・・・●・・・●・・・●・・・●

九月二日

ゆなさんの気持ちわかりました。教えてくれてありがとうね。3年生の教室へは京子先生とチャレンジしょうね。失敗もどんとこい!! 感動症も心が豊かだからだなと思うけど、いつも心がたくさん動くとしんどいよね。一緒に体も動いちゃうとよりしんどいだろうなって思います。来週ちょっと京子先生の出張が多くて、他の先生との時間が多目になっちゃうんだよ。でも先生と一緒の時は3年生チャレンジやプールしようね。来週はみきさんも来るからね。ゆーちゃんもプールたのしみにしててね。京子

九月五日

ゆなです。京子先生いっぱいありがとうございます。京子先生いっぱいいい人ですね。ゆなはいっぱいいいい人といっぱいめぐりあえてとっても幸せです。私は、こんなにゆーちゃんがいい子っていうのはなんとなくしかわかってもらってないと思うけど、ゆーちゃんはほんとにいい子ですよ。とってもいい子です。だから、ゆーちゃんと一緒に幸せになりたいです。知ってると思うけどね。じいじとばあばもちょっと知ってくれたらいいです。ゆっくりやります。

私はゆーちゃんです。ゆーちゃんはいい子ですよ。とんでもなくいいよね。

ゆいゆいです。ゆいゆいはいっぱいしんどいよ。でも、しんどくてもじいじとばあばに私のことを知ってほしいから、頑張ります。じいじとばあばは私のことをとってもいい子とわかってくれると思うので、そっちにいいことがあると信じて頑張ります。ゆいゆいでした。じゃあね。バイバイ。

とんでもなくいいのは、じいじとばあばに私のことをわかってもらうことです。はっきり言って私はとってもいいと思います。やっぱりじいじとばあばは私にとってとっても大切な人だからです。そんなじいじとばあばに私はわかってほしいです。じゃあね。バイバイ。ゆなでした。

じいじとばあば

私たちが大阪にいるときは四国の実家で二人で暮らしていたじいじとばあば。娘家族である私たちが沖縄で新居を建てたのを機に、移住&同居に誘いました。このときは、11月の完全移住に向けてのリハーサルを兼ね、数週間滞在し、新居への引っ越しを手伝ってくれていました。

大阪にいるときから、おもに私のレスパイト（家族が世話や介護をしている対象者と離れ、一時的に休息をとることを意味します）を目的に、四国から月に一度大阪に来て、一週間滞在してくれていました。そういう意味では寝食をともにするのにはお互い慣れてはいましたが、本格的に一緒に住むとなると話は別です。また、移住後はほとんど会える機会もなかったので、一緒にゆっくり過ごすのは2年半ぶりでした。

ばあばは移住当初を振り返り、「小学生のころの由菜のイメージで来たら、中学生になった由菜は知らない間にぐっと成長し内面的に大人になっていた。最初はそのギャップについていけなかった」と言います。もちろん由菜自身も不登校などの経験を乗り超えてさらに大きく成長していましたが、小学生のころには私がまだできなかった指談の介助を習得し、由菜の気持ちをこまやかに聞き取れるようになったのも大きいと思います。

最初のころ、特にばあばは、娘家族を助けるために来たのだから私がなんとかせねば、という意気込みが強かったように思います。また、長年住み慣れた故郷を離れ生活環境が大きく変わったせいもあり、精神的に少し不安定でした。

由菜はそんな二人を終始気にかけているようでしたが、由菜の方も気持ちがものすごく空回りしている感じで、祖父母と由菜の両方が（もちろんほかの家族もですが）着地点を模索していました。

当時の気持ちを由菜に聞くと、こう教えてくれました。

「じいじとばあばが来たときは私はすごくしんどかったです。ゆなと一緒に住むのがしんどそうにしか見えなかったから、どうしたらいいのかわからなくてゆなはとっても困っていました。しんどいのはしょうがないと思うけど、ゆなはどんどんどうしたらいいのかわからなくなって、じいじに嫌なことをしたりばあばにいっぱいしつこくしたりしてしまいました。」

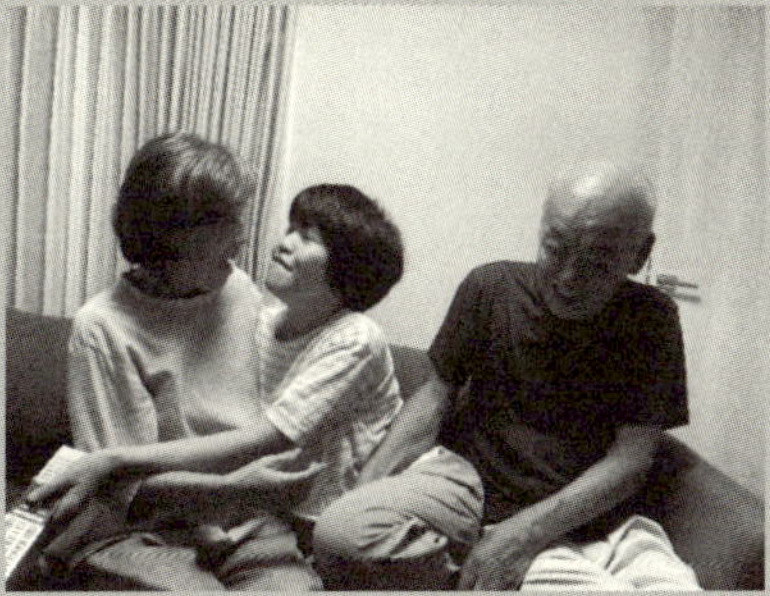

じいじ、ばあばと

「ばあばは一人でやらないとと思ってすごく一生懸命にやっていたから、ゆなは『頑張らなくていいよ』と言いました。それが私の本心でしたが、頑張り過ぎると沖縄から逃げたくなったらどうしようと思っていたから、頑張り過ぎないでいいよって言いました。」

二人が移住してきてもうすぐ丸2年ですが、紆余曲折ありながら、今はお互い自分のペースで無理なく暮らせるようになってきたのではないかと思います。由菜が言うように、そのときにお互いに「いっぱい喋ったことがよかったと思います」。

九月六日

じいじとばあばにもわかってもらえるといいね。今日の日記は、三人からの気持ちを教えてもらえて嬉しいです。三人共じいじとばあば大好きなんだね。いいね。きっといい感じになれると思います。↓こんなかんじでみんなで幸せになりたいね。

・・・●・・・●・・・●

九月十二日

ゆなです。いいことがありました。それは、私はいっぱいいい人に恵まれていることです。京子先生と一緒にがんばりたいです。私は今日はいっぱいいがんばれました。いっぱいの先生と一緒に過ごして、自分で教室に行ったり、失敗してもいいと思って指談もホワイトボードもできました。ホワイトボードはいいです。感動しました。自分の気持ちをいろんな先生に知ってもらえるというのはいいことです。私はとってもうれしかったです。いっぱいホワイトボードもやりたいです。いいよね。じゃあね。バイバイ。ゆなでした。

・・・●・・・●・・・●

九月十三日

昨日本当にがんばってましたね!! 先生も感動!!《放課後等デイサービス①》のスタッフさんの前でも指談してくれたから、スタッフさんもこんな感じか!! ってわかってくれたと思いますよ。ゆなさんの行動やがんばりや気持ちがたくさんの人に伝わって、色々な人が「ゆなはどう思う?」ってゆなさん

と話をしてくれるようになったら嬉しいなと思います。京子

ホワイトボード

由菜が自分の気持ちを表出できるツールとして、小学生のころから使っています。携帯できるサイズのホワイトボードに介助者が文字で選択肢を書き、本人が指差しをして自分の気持ちに近いものを選びます。最初は質問に対し「はい」「いいえ」「どちらでもない」を指差す練習から始め、慣れてくると「お昼何食べたい？」↓「チャーハン」「オムライス」「ラーメン」「他のものがいい」といったやりとりや、好きな友達やその理由など、さまざまな会話ができるようになりました。中1のときの支援員の先生はホワイトボードを利用して由菜の気持ちに寄り添う名人で、折に触れとても深いやりとりを実践してくださいました。

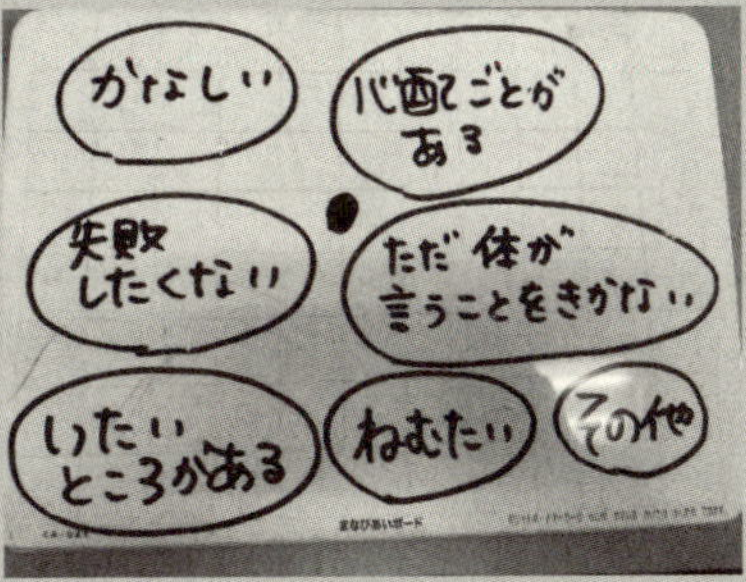

支援員の先生が実際に学校で使用していたホワイトボード

九月十四日

じいじとばあばはいい人ですけど、私にいろいろ言ってくるのがしんどかったです。私はやりたくてもできないからそれをわかってほしいです。もし私に障害がなければもっといろんなことができるのに、障害があるからできないししんどいです。やりたくてもできないってことをわかってほしいです。そん

なことはわかってると思ってるかもしれないけど、もしも障害がなければ私はもっとできることはたくさんあります。そんなことをわかってほしいです。障害にめんどくさい思いをさせられているけど、障害を持っているのが私なので、しょんべんたれみたいなことをやってしまってもしょうがないと思ってもらえるとうれしいです。しょうがないけど障害は私自身なので、やっぱり一緒に生きていくしかありません。いっぱいわかってほしいです。じいじとばあばはいい人なので、時間をかければわかってくれると思います。わいわいしながらゆっくりわかってもらえるように、じいじとばあばといっぱいしゃべりながら、いっぱいケンカしながら、ほんとのゆなを知ってほしいです。やっぱり二人にはわかってほしいから、それが一番いいです。感動症はしょうがないので、私はゆなとゆーちゃんとゆいゆいと一緒にじいじとばあばと仲良く暮らせるようにしていきたいです。頑張ります。ゆなより。

・・・・・・・・・・・・

九月十五日

今日は修学旅行の話もできたし、調理実習にも入ったし、3年生とホワイトボードおしゃべりもできていい日だったなぁと思ってます。最初緊張してたっぽかったけど戻って教室入って良かったね♡　ねあさんが指談してくれるのをずーっと待ってるので、今度「ゆなだよー」とかでもいいから書いてみてね。大きく、強くね!!　そうやっていろいろな人に書く練習をして、たくさんの人と話せるようになったらいいと思います。がんばろうー!!　楽しそうなゆなさんを見られて嬉しかったよ。そして、りの先生が話している間じっと静かに座っていられたのもステキ♡　皆と一緒に授業できるね!!　京子

・・・・・・・・・・・・

ゆなです。今日はほんとにいい日でした。先生と一緒に頑張れてうれしいです。私はいっぱい頑張る

のはとんでもなく好きです。頑張れるとうれしくなります。いっぱい頑張りたいです。いいよね。

はっきり言って、ゆなといっぱいしゃべりたい人がいるのはうれしいです。ねあさんとも指談したいです。大きく強く書くね。ねあさんはとってもいい人だから、すぐにできると思うよ。私はねあさんが大好きです。

じいじとばあばに修学旅行に行けるって言ったらとっても喜んでいました。私もいっぱいうれしかったです。じいじとばあばはゆなと一緒に空港に来てくれます。はっきり言ってうれしいです。じいじとばあばに見送りしてもらえたら頑張れます。じゃあね。バイバイ。ゆなでした。

・・・●・・・●・・・●・・・●

九月二十八日
ゆなです。今日はつらいことがありました。理由は、しんご先生※が結婚していることが（打つとつらいのでやっぱりやめると言って初めから打ち直す）
ゆなです。私は「ぎんばるの海※」に行きました。とても楽しかったです。金武にぎんばるの海があってとんでもなく嬉しいです。じゃあね。バイバイ。ゆなでした。

しんご先生　ぎんばるの海（左記）の理学療法士の先生。由菜は指談で「私はしんご先生が好きです」「しんご先生は由菜と結婚したいですか」と恋心を伝えまくっていた。
ぎんばるの海　由菜が中1のときから利用している放課後等デイサービスの名称。ＳＵＰ（スタンドアップパドルボード）を中心とした海での療育（マリンプログラム）に参加させていただいている。

九月二十九日

叶わない恋ほど燃えますよね。　ゆうじ※

・・・・・・・・・・・・・・・・・

ゆなです。ゆうじ先生、ラブストーリーを聞かせてくれてありがとうございます。ゆなは叶わない恋はしんどいから嫌です。しんどいのはもういっぱい嫌です。しんどくないことがいいです。でも、しんご先生はやっぱり好きなので、叶わなくても好きでいたいです。しんご先生と一緒にいいことをしたいです。いいことというのは、いっぱいしゃべったりシャンパンを飲んだりしたいです。いいよね。じっくり話したいけど、ゆなは指談なので話はできません。いっぱいしゃべりたいです。じゃあね。バイバイ。ゆなでした。

・・・・・・・・・・・・・・・・・

九月三十日

好きだと感じる心が大切だね。その気持ちを大切にしてね。シャンパン飲むのかっこいいな！お酒が飲める時まで、一緒に関わっていられたらいいよね。月曜日から9時登校です。がんばろー！3年教室にも入れそうかな？あと、給食の時にプレート持ってこようと思うので、試してみよう。少しでも食べやすくなったらいいな。　京子

※ゆうじ　京子先生がお休みのため、ゆうじ先生が返信を書いてくださった。

コラム　高2になった私が日々考えていること

私の友達

友達は多いほどいいっていう考え方は「100人できるかな」の呪縛と聞いたことがあります。

私は、友達はたくさんはいらないんじゃないかなって思っています。

ゆなも友達に恵まれているほうだと思いますが、いちばん大事な友達はここねさんという小学校時代の友達です。

ここねさんはすごくゆなに優しくて大好きでした。ゆなのことをいつも気にかけてくれて、ゆなといると楽しいって言ってくれました。ここねさんとは今でも友達です。

私はここねさんがいてくれたら十分って思っていたけど、中学生になってねあさんという友達に巡り合えました。

ねあさんはすごく元気な人で、クラスでもいつも目立っていました。

ねあさんはゆなにも分け隔てなく接してくれて、時々うるさいぐらいだったけど、でもそれが私にはすごく幸せなことでした。

そんな二人に巡り合えて、私はとっても幸せです。

世界に一人の友達

小学生時代の同級生　ここね

私は小学校3年生の時からゆなちゃんという名前の友達と授業や給食や休み時間などたくさんの時間を一緒に過ごしてきました。先生からいわれました。「ゆなちゃんは沖縄に引っ越すことになりました。」ゆなちゃんとのお別れが決まったことを話されました。私はとてもショックでした。でもゆなちゃんはそんなここねを歌を歌って励ましてくれたり、ゆなちゃんも悲しいと思うのにいつもと変わらず接してくれたりしました。私はここで親友はいなくてはならない存在でどれだけ離れていても家族と同じくらい大切だと思いました。これは一生の宝物だと思います。また、私はゆなちゃんのおかげで色々なことを学ぶことが出来ました。人生でゆなちゃんに出会えて本当に良かったです。そんなゆなちゃんが今でも大好きです♥　今は違う場所で違う夢に向かってるとおもいますが、またいつか会える機会があったら嬉しいです。

十月

インクルーシブ教育って素敵

十月二日

沖縄県自立生活センター（ＣＩＬ）さんより、
「国連障害者権利委員会の総括所見について学び、今後の社会づくり
に生かすため」のフォーラムにお誘いいただきました。
当日は会場で発言をとのお話があり、本人もぜひ伝えたい思いがある
とのことだったのですが、体がコントロールできず会場に入れない
まま終わってしまう可能性が高いと予想されたので、
念のため先に思いを聞き取って提出しておくことにしました。
その内容を先生にも日記で共有しました。

障害者について思っていることを書いたので、読んでください。よろしくお願いします。バイバイ。
ゆなでした。

ゆなです。こんにちは。

私は小学校は大阪で障害児として普通の小学校に行きました。私は障害児ですが、みんなはとても私に優しく接してくれてとっても幸せでした。

障害児は支援学校に行くべきと言う人がいますが、私はそうは思いません。障害児だけで生きる社会は無いのだから、障害児だけでやっても社会で生きていくにはついつい困ることもいっぱいあると思います。社会に出たときに困るよって言われるけど、障害者が社会に出てできることはほんとにそんなことだけでしょうか。私はもっとできることがたくさんあると思います。だか

ら、小学校も中学校も高校も一緒がいいです。一緒じゃないと何が自分のできることかわからないと思います。

小学校に私が行って感じたことは、インクルーシブ教育ってとっても素敵ということです。インクルーシブという名前を知らなくても、みんなそれが当たり前のようにできれば、それでいいのではないでしょうか。もしも障害児が支援学校しか行ってはいけないとなると、私はほんとに困ります。障害児はしんどくても無理をしてでも何かのスキルを身につけなさいって言われるけど、私はスキルとはほんとにそれだけかなと思っています。私にはもっとほかにできることがある気がします。

例えば、私にしかわからない障害者の気持ちとか、体のコントロールがきかなくてつらい思いをしていることとか、そんなことを社会に知ってもらうために研究をしたり講演をしたりしたいです。私はいつか大学に行って勉強がしたいです。そんな夢を持っている障害者もいるということをわかってほしいです。

ゆなでした。

十月三日

とってもスバラシイ!!と思いました。障害児の気持ちや、生きづらさ、できることや、困ることを本人が伝えてくれたら、周りも助かるよね。そのためにパソコンの打ち込み練習や、伝える方法の練習をたくさんできたら、ブログとか、SNSとかでも発信できるなぁ……と思いました。タブレット端末でも手書きメモアプリがあるのを見つけましたよ。調べたら、手書き文字をテキスト化してくれるやつもあるらしいので探してみるね。

・・・●・・・●・・・●・・・●

十月四日

ゆなです。京子先生いっぱいいい人ですね。わたしはとってもいいと思うのは、ちょうどいいときに会えることです。「ちょうどいいとき」というのは、「ゆーちゃんとゆいゆいが静かなとき」です。ちょうどいいときに友達に会えるとニコニコしてしまいます。ルンルンしてとっても幸せになります。友達とちょうどいいときに会えると、ルンルンしてやったーって思います。教室にも一緒に入りたいです。いいよね。ゆなでした。じゃあね。バイバイ。

・・・●・・・●・・・●・・・●

十月五日

ちょうどいい時ね！　ＯＫ‼　まぁ自分がワサワサー（沖縄の方言で気持ちがザワついてるってことです）してる時に人に会うのしんどいこともあるよねー。グチ言いたい時とか、話を聴いてほしい時は会いたいと思う時もあるかな。ゆなさんが自分を出せるタイミングで会えると嬉しいんだねーと思いました。そんなタイミングが増えるといいね。

・・・●・・・●・・・●・・・●

十月六日

フォーラムではやはり会場に入れず、
提出していた文章を代読していただく形になりました。
同日、入学を希望する高校の見学にも行きました。
「共生社会の形成及びインクルーシブ教育システムの構築に向け、
障害のある生徒と障害のない生徒がともに学ぶ」取り組みの
モデル校となっている県立高等学校です。

ゆなです。昨日はとんでもなくいい日でした。《自立生活センター》へ行って、たくさんの人としゃべりました。はっきり言ってわたしも講演会でしゃべりたかったです。でも時間がなかったのでしゃべれませんでした。とっても残念です。でもまた次の時にしゃべりたいです。高校も見れました。はっきり言って私はものすごくいいところだと思いました。きっときっと行きたいです。頑張っていっぱい勉強したいです。頑張ります。高校はいっぱいいいところでした。京子先生も高校にもしも行けたら、なんというか最高です。京子先生も遊びに来てね。しんご先生も来てほしいです。はっきり言ってほんとにそうならものすごくうれしいです。二人がそろうと最高です。ほんとにいいよね。

・・・●・・・●・・・●・・・●

十月七日

高校良い所でよかったねー!! 話が聴けて嬉しかったです。ゆなさんが高校生になったらぜひ遊びに行きたいです。今月学祭もあるよね。しんご先生にも会ってみたいし、行きたいなぁ……。楽しみ!!
高校の人達とたくさん話して、ゆなさんが楽しく過ごせるのを期待してます。「志願前相談」、一緒に行

くからね。今日スマホ「かして」をまさえ先生に書けたね。京子先生以外とも練習していこう！ 京子

・・・・・・・・・・

十月十日

ゆなです。私はいっぱいいいことがありました。それは、一緒にいいことをしている「こつこつ」[※]のみんなと話ができたことです。こつこつはいいところです。今回は和歌山さんという盲の人と話しました。和歌山さんはこつこつに興味をもってくれていて、一緒に活動しようと言っていました。私もやりたいです。いいよね。じゃあね。バイバイ。ゆなでした。

・・・・・・・・・・

十月十一日

ゆなです。今日はいいことがありました。りつ子さんの家に行ってついついしゃべりました。私はゆいゆいですが、ゆーちゃんとついついうれしくなりました。りつ子さんはとんでもなくいい人です。お母さんと基地問題を話していました。ゆなもちょっとしゃべりました。基地基地言わなくてもいいようになったらいいのにと思います。こんなことでみんながつらい気持ちになるのは悲しいです。ゆなより。

・・・・・・・・・・

こつこつ　由菜が正会員として所属する実在の認定NPO法人。「言葉をつむぎ、心をつなぐ」の頭文字から名づけられた。「障害があり発話が難しくても意思があり、言葉を伝える方法があることを社会に広める」ことをミッションに掲げ、当事者メンバーが主体となり活動している。

十月十二日
昨日はりつ子さんの家に行けて良かったね。体調も戻ったようでよかったです。基地問題、とても複雑で難しい問題だと思ってます。立場によっても考え方も変わりますし、普天間の人達の不安もあるし……。本当は基地を作らず持たなくても平和な世界になることが一番良いのにね。
お昼ご飯の時間に途中で外に出ちゃうことが増えていますが、何か気になることがありますか？　修学旅行もあるので、ご飯の時に時間いっぱい皆といられるように練習したいな。京子

・・・・・・・・・・

十月十三日
ゆなです。今日はいいことがありました。「ぎんばるの海」に行ってマリンプログラムをしました。私はちょっと体調がよくなかったから見ていたんですが、今日はとっても気持ちのいいお天気でした。

マリンプログラムの様子。あや先生が水中から指談をしてくださっている。

よく大きな声で応援できて楽しかったです。京子先生はぎんばるに行きたいですか。もし行きたかったら今度一緒に行こうね。うおぉって思うくらいに心がうれしくなるところですよ。ゆなより。じゃあね。

・・・●・・・●・・・●・・・

十月二十一日

今日はちょっとイライラデーだったかな？と思いました。「スマホかして」は書けて、借りることができたのでＯＫね！　道徳の宿題もお話できてよかったです。先生はたくさん聞いて指で書いて！と言いますが、「今はイヤ」とか「あとで」という返事もゆなさんの気持ちを伝える言葉なので、そういう時は遠慮なく言ってくださいね。京子

・・・●・・・●・・・●・・・

ゆなです。かっこいいことを言います。私は、ついてくれる先生は一人にしてほしいです。二人もいると、どこを見ていいのか、何を聞いたらいいのか、わかりません。いっぱいしゃべりかけられると、とっても困ってしまいます。ゆなは一人の先生とじっくりやりたいです。たくさんの先生にいろいろ言われると、ゆーちゃんとゆいゆいとゆっくりしゃべれません。一人の先生とじっくりやりたいです。いいでしょうか。

３年生の教室に行きたくても、三人の先生がいると行きたくないなって思ってしまいます。三人の先生と一緒じゃないと入れない子みたいで、つらい気持ちになります。私はもう3年生で、自分のことは自分でできるようになりたいです。靴もいつも先生が脱がして履かせるけど、それもゆっくり練習したいです。とってもいいのは、ゆなと一人の先生でゆっくりやりたいです。それが無理なら、とってもいいのは、一人の先生はゆなと一緒にいて、ほかの先生は離れて見ていてほしいです。いっぱいしゃべり

かけられると、とってもしんどいです。いいでしょうか。ゆなでした。じゃあね。バイバイ。しんどい気持ちをわかってください。よろしくお願いします。バイバイ。またね。ゆなでした。

・・・・・・・・・・

十月二十五日

昨日はお返事書けなくてごめんね。ゆっくりやりましょう。気持ちを教えてくれてありがとう。学校は時間で区切って色々と進むので、ついつい急がせてしまってましたね。スピードにこだわらずゆなさんがゆーちゃん、ゆいゆいと一緒にがんばれるようにしますね。話しかけも、お話する相手は一人で……ということも他の先生にも伝えますね。また、困ったりしんどかったり、逆に今のイイネ！があったら教えてね。　京子

・・・・・・・・・・

ゆなです。もいちど言うのはうっとおしいと思いますが、のんびりやりたいのではなくて、じっくりやりたいです。じっくりというのは、ビビビときた時にぐんぐんやれるように、みんなと一緒に居ときたいです。もう一度言うけど、こんなにつらい気持ちなのは京子先生と一緒にできないからです。京子先生と一緒にいろんなことにいっぱい挑戦したいです。いっぱいいいのは、ゆなとゆーちゃんとゆいゆいとでなんかしんどいことに挑戦したいです。挑戦してできたらうれしいから、挑戦したいです。いいでしょうか。ゆっくりしたいわけではありません。ゆなは京子先生とじっくりいろんなことに挑戦したがいいです。いいでしょうか。いっぱいいいでしょうか。しんどいけど頑張りたいです。頑張ることはとってても好きです。そしてできるとめっちゃうれしいです。しんどいけど、しんどくてもやりたいです。いいでしょうか。私は京子先生とじっくりやりたいです。いいでしょうか。私といるとしんどいですか。い

京子先生ともっとたくさんいたいです。私はそれがいいです。頑張りたいです。ゆなでした。よろしくお願いします。バイバイ。またね。

> この日、放課後等デイサービス②に行ったときに車から全然降りられず、めったに泣かない由菜がポロポロと泣きました。少し落ち着いたところで気持ちを聞き取り、スタッフの方々に聞いていただきました。その時の内容や様子が印象的だったので記憶している限りで先生にも共有させていただきました。

ゆなは行きたいんだけど、ゆーちゃんは行きたくないみたい。ゆなに行こうって言われてもとっても困ります。ゆーちゃんと一緒に行きたいから、ゆーちゃんに声をかけてください。（「どうしたらいい？歌ってもらうのがいいの？」と聞くと）歌より、行かないとダメってはっきり言ってあげるのがいいよ。（母：スタッフさんたちが「ゆーちゃん、行くよ」と声をかけてくださるとあっさり車から降りることができ、皆さんも驚くほどでした。この出来事を京子先生に伝えてもいいか本人に尋ねると、「ゆなはいいけど、京子先生は嫌じゃないかな。いっぱい聞かされるとしんどくないかな」とのことだったので、ゆなやお母さんの思ってる何倍も京子先生の器は大きいから大丈夫、安心して甘えたり聞いてもらったりしたらいいよ、と伝えました。その後本人が語った内容です。）

ゆーちゃんに声をかけてもらえると、とっても行きやすかったです。ゆーちゃんはゆいゆいとゆなにいつも言われるけど、ほかの人に言われることはないから、なんか、はじかさーしてる※けど、言ってもらえたらうれしいみたいです。はっきり言ってゆーちゃんは子どもなので、言ってもらえたりしゃべってもらえたりするといいみたいですよ。なんかいいヒントになるかもね、これから頑張るうえで。ゆなは、ゆーちゃんに声をかけてもらえると動きやすいかもしれません。

・・・・・・・・・・

十月二十六日

ゆなさんたくさんありがとう。先生の伝え方がまちがいましたね。ゆっくりというのは、のんびりやろうという意味ではなく、できない時があっても、一緒にできるように挑戦しようという意味でした。じっくりが良かったですね。先生もあせりすぎたり、あきらめたりせずに、一緒にじっくりやっていきたいです。京子先生との時間ももっと増やせないか、相談してみようかな。今先生が一緒にがんばりたいと思っているのは、指談、パソコン、3年生の授業に行くことです。あと一人で歩ける所増やしたいな。校内は一人で歩いていこうね。大丈夫だよ。

ゆーちゃんへ。これからゆーちゃんにもどんどん声をかけます。はじかさーしてもいいから、ゆなとゆーちゃんとゆいゆいみんなで高校生になっても一緒にがんばれるようにしたいな。ゆーちゃんは3年生の教室に行くのは嫌ですか？　3年生は待ってるよ。何か嫌な理由とか、嫌じゃないけど困っちゃうこととか何か伝えたいことはありませんか？　ゆいゆいも何か伝えたいことありますか？

先生の方こそ、同じようなことを何度も聞いてごめんね。その時その時の皆の気持ちを教えてほしいです。よろしくお願いします。あと書き忘れてたけど、ゆなさんが教えてくれる気持ち、ぜんぜん嫌じゃないよ。むしろ何度も言わせてごめんね。先生忘れんぼうだから、気付いたらどんどん言ってください。京子

はじかさーしてる　沖縄の方言で、恥ずかしがっているの意。

ゆなです。いっぱいいい人ですね。京子先生と一緒に頑張りたいから、ゆなと時間を増やしてください。よろしくお願いします。

・・・・・・・・・・・・

ゆいゆいはゆいゆいとして頑張りたいって言ってます。ゆーちゃんは3年生の教室に行くのは緊張するって言ってます。みんな仲良しだから自分の居場所はあるのかなって思ってしまうって言ってるよ。じんじんするぐらいいい人なのはわかるけど、みんなの仲が良すぎて自分は行ってもいいのかなって思ってしまいます。でも、そんな心配もいらないのもわかってるんだけど、どうしても緊張しちゃうって。だから、いつも3年の教室にいたら慣れてくるんじゃないかなと思っています。なので、京子先生と一緒に3年生の教室に行きたいです。京子先生は3年生と仲良しだから、ゆなも一緒に行ったときにみんなもゆなに話しかけやすいからです。ほかの先生だと、ゆなに話しかけにくい人もいると思うから、ゆなは京子先生と3年生の教室にいときたいです。いいでしょうか。

いっぱいしんどいと思うけど、ゆなも頑張りたいので助けてください。よろしくお願いします。いいでしょうか。私はしんどいけどやりたいです。よろしくお願いします。ゆなでした。じゃあね。バイバイ。またね。

・・・・・・・・・・・・

十月二十九日

ゆなです。私はいいことに気付きました。いっぱいいいことです。それは、指談をする時にゆなの気持ちを聞いてくれるのはとってもありがたいのですが、気持ちを答えるのは少し恥ずかしいです。恥ずかしいから動きが止まってしまいます。とっても申し訳ないなといつも思っています。ゆいゆいもゆーちゃんもゆなも、京子先生といっぱいしゃべりたいけど、とっても恥ずかしいと思ってしまいます。とんでもなくいいのは、ゆいゆいとゆーちゃんとゆなにもっと簡単な質問をしてください。とんでもなくいいのは、りんごとみかんとどっちが好き？　とか、私の好きなものを選択肢で聞いてください。そんな質問なら私も恥ずかしがらずに答えられます。いいでしょうか。よろしくお願いします。ゆなでした。

コラム　高2になった私が日々考えていること

障害児も健常児も一緒に

障害者と健常者が一緒に生きていくためには、学校教育がとても大切です。学校に障害者がいないと、どんな子なのかがわかりません。だから、障害児と健常児が一緒に学校に通うことはとても重要です。

学校に行っても違う部屋で勉強をするのは、障害児は違うタイプの人っていうことを健常児に言ってるようなものなので、別の部屋に押し込めることはとっても悪い影響を及ぼすと思っています。

一緒に勉強をすることがとても大切だと思います。

障害児はいっぱい人がいるとしんどいですが、しんどくなったら休憩をさせてあげるとか、見え方が違う子にはタブレットを使って見えやすくしてあげるとか、「支援」をしてあげることが支援教育ではないでしょうか。

ゆなはずっとそう思っています。

十一月

新築祝いとヤギ汁

十一月二日

ゆなです。感動症はしんどいことが多いです。ゆーちゃんもゆいゆいもしんどいって言ってるよ。なんかゆなはボットリしたくてもゆーちゃんとゆいゆいはしたくないとか言うし、ゆなはしんどいです。ゆーちゃんとゆいゆいは、ゆなといるのは嫌かな。ボットリというのは、ランランしてウレピーって思うことですよ。ゆなでした。バイバイ。またね。じゃあね。

・・・●・・・●・・・●・・・●

十一月三日

ゆなさんと、ゆーちゃん、ゆいゆいの気持ちが違うとしんどいよねえ……。でもゆなさんが決めていいと思います。ゆなさんが決めるんだよ。三人で相談することも大切だと思うけど、最後に決めるのはゆなさんでいいと思います。ゆなさんが決めるんだよ。相談はするけどね。ってゆーちゃんとゆいゆいがわかってくれるといいよね。ゆーちゃんのしたいことも必要だから、体を動かしたり、歌ったり（ゆーちゃんがしたいことかはわかんないけど）する時間も、ゆいゆいの時間も用意して、それでゆながしたいことが一番たくさんできたらいいのかなあ……と思ってますがどうでしょうか。言うのはかんたんだけどやるのは大変だよね……。そこは、先生がお助けできることがあるかなって思うので、こうしてほしいってことは言ってください。直接でもノートでもいいよ。京子

・・・●・・・●・・・●・・・●

十一月七日

由菜は県立高等学校への進学を希望していましたが、
不合格になったり希望が変わったりした場合は
特別支援学校高等部に進学する可能性もありました。
特別支援学校は「入学志願前相談」を受けていることが
志願資格の一つとなるため、京子先生、保護者とともに
指定日に学校を訪れました。

ゆなです。はっきり言って今日は嫌でした。とんでもなくしんどかったです。支援学校には行かないのにばんばん感動症になるし、ゆなははっきり言って完全に緊張していました。感動症になると自分の体はいうことをきかないから、とっても困ります。のんびりやってもいいなら緊張もしないと思うけど、とっても急がされると満足に動けません。お姉ちゃんはゆなのことを感動症といってばかにするけど（ここまで書いて、「もうしんどいからやめる」と言って終わりました）

……………………

十一月八日

おつかれ様。長い時間がんばってくれてありがとうね。緊張したんだね。図書室の時は少し落ちついたかなと思ってましたが、校内を歩いたり説明の時は、感動症が出てたかな。先生は説明の時に聞いたのは、高等部はどんなに重度の子でも時間割で組んでいる教科を受ける（皆と一緒に）ということになったそうです。なので、特別支援学校でも授業はしっかりやるそうですよ。職業のことももちろんやるけど、勉強もやると聞いて、よかったなぁと思いました。重度の子でも、何もわからないと思わずに、学

ぶことを提供することになっていって、学びたい気持ちをもっている人にとって良い方向に進むといいなと思いました。将来的には、特支もそうじゃない学校も一緒になって学べる場所が広がっていくといいなと思います。そのためには、先生もたくさん勉強して、障害がある子の学び方や道具などもたくさん知ってサポートしていきたいなと思いました。そのきっかけをくれた由菜さんにとっても感謝してます。いつも先生と一緒にがんばってくれてありがとう。京子

慣れない場所に緊張すること

小さいころから新しい場所に慣れるのには時間を要していましたが、中学生になって特に顕著になったと感じていました。移住してさまざまな観光スポットを訪れても、頑なに車から降りようとしないことがほとんどでした。障害を持つ方がこういう状態になるとよく「見通しが立たず不安なのだ」といった解釈がされますが、私もずっとそれを鵜呑みにしていました。

本人と指談ができるようになると、由菜はこういった場面でよく「恥ずかしい」と綴るようになりました。そのときもよく考えず、初めての人に会うのが照れくさいのかな、照れ屋なんだなぐらいにしか思っていませんでした。

ある日、虫歯の治療のため、移住して初めて障害者歯科を受診しました。由菜は案の定車から降りられず、ドクターや衛生士さんが車まで来て口の中を見てくださいました。その時もやはり指談で「(中に入るのは)恥ずかしい」と訴えていたのですが、衛生士さんが「どうして恥ずかしい

の？」と聞いてくださると、「体がめちゃくちゃに動いてしまう自分が恥ずかしい」と答えていました。由菜の「恥ずかしい」は、「照れ」ではなく、「羞恥心」や「恥（はじ）」の気持ちだったのかと、目から鱗の瞬間でした。

このように、日常生活の中には、自分の持つ「常識」の範疇で本人の行動を解釈し、本人が本当に困っていることとはズレた「支援」をしてしまっているケースが多々あるのだろうなと感じています。さらに悪いことに、その「ズレた支援」で目に見える効果が現れないと、「やはりこの子は障害が重すぎて適切な働きかけにさえちゃんと反応できないのだ」と、本人に原因のすべてを押し付ける場面も少なくないように思います。

十一月九日

ゆなです。はっきり言って今日はとんでもなくいい日でした。マジでいい日でした。ゆなはマリンプログラムに行く時にゆいゆいとゆーちゃんと一緒にとんでもなくいいことがありました。今日はしんご先生といっぱいしゃべれてとってもうれしかったです。なんか、しんご先生はゆなといるとはっきり言ってしんどそうだけど、でも私はしんご先生といると幸せだと思っています。しんどいけどしんどいそぶりは見せないしんご先生は、とってもいい人です。しんご先生は私といるとしんどそうです。そんなしんご先生とゆなは、とってもなんというか相性はいいのでしょうか。わかりません。でも、しんご先生といると幸せです。私は心配してるのは、ゆいゆいはしんご先生と一緒にいるといっぱい嫌なことするし、しんご先生に嫌がられないかなと心配しています。なんというか、しんどい時にしんご先生に会えると、ゆいゆいもゆーちゃんもゆなも、しんどいのをしんご先生にも分けてしまいそうでなんか嫌です。しんご先生にゆなはもっといい人になりたいです。しんご先生といるといい人じゃなくなるから嫌です。しんご先生はゆいゆいとゆーちゃんとゆなにとって、とんでもなく大切な人です。もししんご先生がいなくなったら、私はとっても嫌です。私はしんご先生といるととっても幸せです。じゃあね。バイバイ。

ゆなでした。

・・・・・・・・・・

十一月十日

好きな人を前にすると緊張して嬉しくて変なことしちゃったり、テンパったりするよね。あるある……!! で、その後なんであんなことしたんだー!! って落ちこんだりね。恋だねぇ……♡ しんご先生いい人だねぇ。お会いしたいねぇ。ゆなが幸せって感じていることを知ると(伝えてくれると) 先生も嬉しくなるよ。京子

・・・・・・・・・・

十一月十三日

ゆなです。私は土曜日も日曜日もとってもいい日でした。

土曜日は自分の家に信じられないぐらいたくさんの人が来てくれました。お父さんの会社の人※です。とってもいい人ばっかりで私はとっても楽しかったです。でも、ゆーちゃんはしんどかったみたいです。とんでもなく緊張していました。ゆいゆいはなんかとっても楽しんでいたよ。とって

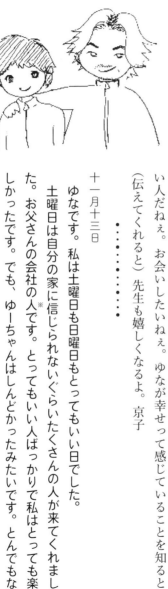

もよかったです。私は、じいじと知らない人がすごく楽しそうにしゃべってるのを見て、とってもうれしかったです。じいじとばあばは沖縄に来てしんどそうだったけど、じいじは楽しんでくれてたからうれしかったです。ばあばは嫌そうでした。でもちょっとずつ好きになってくれるといいなと思います。
日曜日は知らない人の家に行きました。感動症は知らない場所は緊張します。でもなんとか入って、じんじんするぐらいうれしかったです。ゆなはヤギ汁はあんまり好きじゃないなと思いました。ゆーちゃんとゆいゆいも嫌って言ってたよ。ほんとはヤギ汁を食べられていい人になりたかったけど、ヤギ汁は無理でした。なんというか、どんな時もいい人でいるのはしんどいから、それは自分らしくいたらいいですよね。ばあばはいい人になろうとするからしんどいんだと思います。ゆなは自分らしくいたいです。じんじんしたい時はして、嫌な時はしないでいいよね。じゃあね。バイバイ。ゆなでした。

•・・•・・•・・•・・•

十一月十四日
新築祝い無事終わったんだね。お父さんのお仕事の人いい人たちで良かったね!! じいじとばあばも早く沖縄に慣れるといいけど、沖縄の人でも人が苦手な人もいるし、少しずつ慣れてくれるといいな。ヤギ汁においがダメだったかな? みよこ先生もゆうじ先生も苦手って言ってたもんねえ。でも、出してくれたものをがんばって食べようとしたのはとてもステキですね。ダメならダメで大丈夫。苦手かも

お父さんの会社の人　沖縄では、家を新築すると、職場の方や親類縁者、近所の方などを招いて宴を催す習わしがある。この日も社長以下20名ほどが遠いところを来てくださった。
知らない人の家　近所のお宅の屋外宴会に家族みんなでお招きいただいた。

でもチャレンジしようとしてくれたのが嬉しかったと思うよ。（じつはヤギ苦手な人って沖縄にも多いんだよ）　ゆなさんはゆなさんらしく、ムリなものはムリー!!って伝えたらいいと思うよ。京子

・・・・・・・・・・・

ゆなです。はっきり言って京子先生は私といるととってもしんどそうですね。でも私といるとほんとはうれしいというのもわかりますよ。余裕がないときはゆなより京子先生はゆーちゃんととっても頑張ってくれるから、ゆなはしんどくてもいっぱいやる気になります。京子先生と頑張るのはとっても楽しいです。とっても感謝しています。ありがとうございます。とんでもなくいいのは、京子先生と一緒にしんどいこともいっぱい頑張りたいです。いいでしょうか。いいよね。じゃあね。バイバイ。ゆなでした。

『旅猫リポート』※の感想は、いっぱい感動しすぎて何書いていいかわかりません。とっても感動しました。なんといってもナナはかわいいし、ゆなは犬派なんだけど猫もいいなと思いました。ナナみたいな賢い猫といっぱい遊びたいです。ゆなでした。じゃあね。バイバイ。またね。

・・・・・・・・・・・

十一月十五日

最近行事やらなんやかんやでおつかれぎみだったから、ゆなさんにも気付かれちゃった。ごめんね。ゆなさんといるのがしんどいんじゃなくて、やることがいっぱいあるのがしんどいんだよ。忙しいってイヤねえ……。『旅猫リポート』、気に入ってくれたようでよかったです。２回目なのにやっぱり最後泣きそうになりながら読みました。先生の大事な一冊です。『ワンダー』※はもしかしてゆなさんは読んだ

旅猫リポート　『旅猫リポート』、有川浩著、講談社、２０１５年。

ことあるかな？ なんとなくそんな気がしたんだけどどうですか？ 京子

・・・●・・・●・・・●・・・

ゆなです。もしかして私といるときはしんどいのかと思いました。本当はしんどくても言えないよね。ゆーちゃんはいっぱい騒がしいから、ゆなも疲れるよ。特に緊張するとゆーちゃんはゆいゆいと一緒にゆなに嫌なことをするから、わたしはとんでもなくしんどいです。ゆなはゆいゆいやゆーちゃんと一緒に京子先生といっぱい頑張りたいです。ゆいゆいやゆーちゃんを一緒に頑張らせるにはどうしたらいいか、一緒に考えてください。よろしくお願いします。ワンダーは感動症にはとってもいい話ですね。なんというか、感動症にとっては、ゆいゆいもゆーちゃんもゆなも一緒にいっぱいやりたいので、ワンダーを読むといい物語で、ゆいゆいもゆーちゃんもゆなもみんなが夢中になって読めるのでとっても助かります。みんな一緒に読める本はなかなかないので、ワンダーはとってもいいと思います。いい本を選んでくれてありがとうございました。じゃあね。バイバイ。ゆなでした。

・・・●・・・●・・・●・・・

十一月十六日

本当はしんどくてもって（笑）。うたぐりぶかいなぁ（笑）。笑っちゃったよ。パソコンで仕事してる時の方が何百倍もしんどいです。ゆなといるのは、リフレッシュにもなってるよ。今何してほしいかな？ 何がんばりたいかな？ って考えながら、聞きながらいるのは楽しいです。ワンダー、夢中になれて良かった。ヘッドホンもいい感じだったね。 京子

ワンダー　『ワンダー Ｗｏｎｄｅｒ』、Ｒ．Ｊ．パラシオ著、中井はるの訳、ほるぷ出版、２０１５年。

ヘッドホン

小学生のころは、聴覚過敏対策として、ノイズキャンセリング機能付きのヘッドホンを学校にも毎日装着して行っていました。現在は、つねに自分の心臓の音が聞こえるなど過敏症状そのものは変わらないものの、「気にせずに過ごせるようになった」とのことで、特に対策はとっていません。

このときは半月後に迫る修学旅行を万全の態勢で迎えようと、飛行機のエンジン音による負担を軽減するため、久しぶりにノイズキャンセリングヘッドホンを購入し先生と装着する練習を始めました。

小学生のころの由菜

十一月二十一日

ゆなです。私はいっぱいいいことがありました。昨日は家でバーベキューをしました。とっても幸せでした。だってばあばがしんどそうだったけど昨日はとっても楽しそうで、私はそれはとってもうれしかったです。じいじはいつも通り楽しそうでした。お父さんとお姉ちゃんも楽しそうでした。しんどい時もあるけど、はっきり言って家族っていいなって思いました。私は毎週バーベキューをしたいです。

お姉ちゃんもしたいって言ってました。いいよね。私はとんでもなくしたいです。いいよね。感動症はしんどい時もあるけど、とんでもなく感動できるのもいいところですね。じゃあね。バイバイ。ゆなでした。

・・・・・・・・・・・・

十一月二十三日

ゆなです。会わない日が続きますね。どうして学校が休みなのか私は文句を言いたいです。はっきり言ってゆなは毎日行きたいよ。ゆなは毎日は京子先生といるのは無理でも、4時間はいたいなとゆいゆいも言ってるよ。はっきり言っていつも一緒にいたいなと思ってしまいます。

・・・・・・・・・・・・

十一月二十四日

今日は、4時間のうち3時間、先生と一緒でしたね♡　朝しんどいと、色々落ちつく方法を探してるみたいでしたね。ゆなさんが一緒にいたいと思ってくれて嬉しいですよ。京子

・・・・・・・・・・・・

十一月二十七日

ゆなです。今日はゆいゆいとゆーちゃんと一緒にハイキングに行きました。ハイキングは気持ちがいいですね。ゆいゆいもゆーちゃんも気持ちいいってゆなに言ってたよ。感動症ははっきり言ってキツいことも多いけど、ハイキングもなんか感動してしまってちゃんと歩けませんでした。いっぱい嫌ですね。じゃあね。バイバイ。ゆなでした。

十一月二十八日

ハイキングいいですね。感動症はすぐ治るものではないと思うけど、色々な経験をすると少しずつ慣れていくのかなぁ……。修学旅行は感動症が出ても京子先生ずっとついてるからね。しの先生も一緒だし安心して感動してください。落ちついたらまた皆と合流できるように、じっくり頑張れるようにサポートするからね。京子

コラム　高2になった私が日々考えていること

優しい沖縄

障害者と同じように、沖縄にも障害があります。

沖縄はすごくつらい目にあってきた島です。つらい目にあってきたからこそ、人に優しくできるのだと私は思います。沖縄の人はとっても優しい人が多いです。優しくて人の痛みがわかる人が多いです。

ゆなは引っ越してからずっと、沖縄について考えています。とってもつらい経験が人を優しくするんだということを教えてもらいました。優しい沖縄の一人として、ゆなも人の気持ちがわかる人間になりたいです。やんばるの人は特に優しいです。

やんばるには自然もいっぱいあって、とってもしんどいときにも、海や山を見ると、ふとした拍子にまた頑張ろうって思えます。

とてもすてきな水曜日に

放課後等デイサービスぎんばるの海　新里彩（言語聴覚士）

今となっては私にとっても由菜さんとの大切なコミューケーション手段の一つとなった指談ですが、初めて由菜さんとお母様とのやりとりを目にした時には、あまりの速さに〝これは本当に由菜さんが書いているのか？　そうだとしても…〟という気持ちを持ってしまったことを覚えています。

由菜さんとは海や川へ行き、ＳＵＰ（スタンドアップパドルボード）に乗ったり遊泳をしたりといったマリンプログラムを取り入れた療育を行っています。泳ぎたい気持ちはあるのになかなか身体が由菜さんの言うことを聞いてくれずその場に座り込んでしまうことがあります。そんな時は由菜さんに、抱えた方が良いかどうかを尋ねたうえで波打ち際に置いたボードまで職員二人がかりで抱えて行くのですが、抱えるというよりも〝運ぶ〟という表現が当てはまるので、由菜さんの海まで行きたいけど行けないという壁を突破しようとする私たちの姿は、近くにいる人にはどう見えているだろう？と毎回ヒヤヒヤしています（汗）。ですが、由菜さんにとって特にしんどさのあった時期も海での時間がリラックスに繋がったようで、「とても素敵な水曜日になりました」という気持ちを聞けた時には、あーそのきっかけ作りができて本当に良かった。と、大変嬉しくなりました。

由菜さんの中には話したいことが溢れています。「あや先生は話すのが好きだね」と由菜さんに言われたことがありますが、そんな由菜さんもきっととてもお喋りさんです。その日の出来事で嬉しくなったりしんどい気持ちを抱えたり、しんご先生と顔を合わせて照れたりする年頃の女の子です。きっと聞いて欲しい話がたくさんあると思います。今もまだ私が間違って読み取ってしまった

り、「〜で合ってる？ 違う？」と聞きながらのやりとりではありますが、あの時俄かには信じられなかった指談を通して、由菜さんのことばを受けとれることができるようになったことをとても嬉しく感じています。

　コミュニケーションの手段にはいろいろあるので、由菜さんが行く先々でお互いに簡便に使用できる手段を持ち合わせていることが望ましいと思うのですが、由菜さんの中にあるたくさんの思いを伝えることができる手段が指談であるのならば、その思いを掌でキャッチし、それを受けて由菜さんにまたことばを返すことで一人ではできない会話を楽しむことのできる相手が少しでも増えることは、由菜さんにとってとても大切なことで必要なことなのだろうと思います。

　水曜日の昼下がり、せっせと由菜さんを〝運ぶ〟私としんご先生と、すごい姿勢になりながら海へと向かう由菜さんを見かけたら、ぜひ温かく見守っていて下さい。海から上がった後にはきっと、由菜さんの大きな笑顔と元気な歌声があると思います。

十二月

修学旅行はじんじんしました

十二月四日

ゆなです。修学旅行はとっても楽しかったです。しんどいこともあったけど、みんながゆなに優しくしてくれて、私はとっても幸せでした。なんといっても京子先生としの先生は、ずっと私についてくれてしんどかったと思います。でも、しんどそうな様子を全然見せずに、いつも笑顔でゆなに接してくれたことが、私はほんとにうれしかったです。先生といっぱいいろんなところに行けて楽しかったです。

ゆなはＵＳＪはとってもしんどかったです。人が多くてうるさくて嫌でした。しんどいのに頑張っていたら涙が出てきてつらかったです。しんどかったら早く「無理」って言うことを練習したいなと思いました。無理なときは無理をしないことが大事とわかりました。ゆーちゃんとゆいゆいはもっとＵＳＪで遊びたかったみたいだけど、私はもう限界だったので、お母さんとごはん※を食べました。しんちゃんとこうちゃん※のお母さんに会えて、いっぱい話をして、とっても楽しかったです。二人は小学生のときにすごく優しくしてくれていたから、話ができてとってもうれしかったです。いっぱい楽しかったです。

先生はゆなに「申し訳なかったね」っていっぱい言ってたけど、私はＵＳＪにも入れてうれしかったよ。なんというか、私のことをいっぱい考えてくれるのが、ゆなのことをすごく考えてくれるのが、本当にうれしかったです。なんというか、先生と一緒にいられてよかったです。私のことをいっぱい考えてくれてありがとうございました。弾丸ツアーだったけど、とっても楽しかったです。

ゆいゆいとゆーちゃんといるからこそみんなに優しくしてもらえるんだなと感じることができて、私はとってもよかったです。ゆいゆいとゆーちゃんと一緒にいるからこそ、私はみんなに優しくしてもらえるし、みんな私といると楽しいよって言ってくれるから、ゆいゆいとゆーちゃんは私の大事な一部ですね。そんなことをわかって、修学旅行はとっても有意義でした。

友達と一緒に行けたことも、私にとってはすごくうれしかったことです。友達は、ねあさんやいっぱいの人たちが私にいっぱい話しかけてくれて、いっぱいいっぱいいっぱいいっぱい、うれしかったです。ねあさんはほんとにいい人です。いっぱいゆなに優しくしてくれて、私はとってもうれしかったです。こゆきちゃんも、いつもゆなと一緒にいてくれる大切な友達です。いつもゆなに心配してくれて、いっぱいいいい人です。こゆきちゃんと一緒に修学旅行に行けてよかったです。ゆいゆいとゆーちゃんも、こゆきちゃんが大好きって言ってるよ。こゆきちゃんはとってもいい人です。じゃんじゃん仲良くしたいです。

ゆなとこゆきちゃんと京子先生としの先生とゆきお先生は、楽しいチームでした。ゆなはとっても幸せでしたよ。ゆいゆいとゆーちゃんも幸せって言ってました。勝手にゆなが言ってるわけじゃなくて、ゆいゆいとゆーちゃんが言っていました。

じゃあね。バイバイ。ゆなでした。しんどいから終わります。じゃあね。

・・・・・・・・・・・

こうちゃんのお母さんと手をつないで
USJ 周辺を歩く

お母さんとごはん　修学旅行には、学校の要請を受け、いざというときの要員として私も同行していた。

しんちゃんとこうちゃん　大阪に住んでいた頃に通っていた地域の普通小学校の特別支援学級の仲間。母たちで久しぶりに集おうと約束をしていた。

十二月五日

修学旅行本当によくがんばったね。この文章をクラスのみんなにも読んで聞かせるね。たくさん学んで、成長したね。ゆなさんのがんばり、本当に感動でした。京子

・・・・・・・・・・

十二月六日

修学旅行はじんじんしました。だってとんでもなくいい人に恵まれて、ゆなは本当に幸せでした。修学旅行に行けなかったらこんな素敵な経験ができなかったから、ゆなはいっぱい頑張って修学旅行に行きたいって先生に伝えて本当によかったです。行きたいって言ってなかったら行けてなかったので、言ってよかったなと思いました。ゆーちゃんとゆいゆいも行けてよかったって言っています。私はほんとに頑張ってよかったなと思いました。頑張ることはしんどいけど、あとでよかったと思えることもあるから、そんなふうに頑張ってみることはとっても大事ですね。ゆなは修学旅行に行けて本当によかったです。いっぱい頑張ってよかったです。

先生はゆなの気持ちをいっぱい考えてくれて、どうしたらみんなと一緒にゆなも行けるかを考えてくれました。本当にいい人ですね。いっぱいいい人ですね。ゆなはいい人じゃないときもありますが、ゆなもいい人ですが、とんでもなくしんどいときは嫌なこともしてしまいます。でも、京子先生はそんなゆなに叱ってくれて、ゆなはとってもうれしかったです。私は京子先生が担任になってくれて、本当にうれしいです。いっぱいいい人ですね。ありがとうございます。

私は京子先生ともっと頑張りたいです。3年はもうそんなに長くはないから、だんだんさみしくなってきました。私はもっとみんなと一緒にいたいから、感動症として3年の教室に行きたいです。いいで

しょうか。私は、感動症は治らないから、感動症のままで感動症として３年の教室に行きます。感動してしまってもいいよね。みんなはゆなに嫌なこと言わないよね。ゆなは、嫌なこと言われるんじゃないかって自分だけで勝手に思っていました。でも、修学旅行でみんながとっても優しくしてくれて、私は、ゆなは間違っていたなと思いました。ゆなはもっと自分らしくゆなとして３年生と一緒にいたらいいんだと思いました。そんなことをわかって、修学旅行はとっても有意義でした。ゆなはとってもいい経験ができたと思います。そんな経験をさせてくれた先生に本当に感謝しています。ゆなはこの学校に来てよかったです。だってこの学校は、ほんとにみんなあったかくて優しくて素敵な人たちばっかりです。ゆなをこの学校の生徒にしてくれてありがとうございました。ゆなより。じゃあね。バイバイ。

●・・・●・・・●・・・●

十二月七日

まだ３学期もあるよ。高校に行くことも考えて、３年教室に入るのとってもいいと思います。感動症が出た時、しんどくなった時にいるか教室に行ったり、がんばったり、自分で調整できるように練習しようね。

●・・・●・・・●・・・●

ゆなです。いいですね。私は自分で調整できるように練習したいです。３年生のみんなと一緒にいたいです。だってみんなはとってもいい人です。だから一緒にいたいです。京子先生が一緒に行ってくださいね。ゆなは京子先生と頑張りたいです。ゆなは京子先生と一緒に行きます。じゃあね。バイバイ。ゆなでした。

●・・・●・・・●・・・●

十二月十八日

ゆなです。私は本を読んでもらいました。※ 俳句の話でした。俳句ってわからないと思ってたけど、とってもおもしろいです。私は俳句のことをもっと勉強したいです。もし私が俳句を作れるようになったら、すごくいいなと思います。俳句で気持ちを伝えられたら、とんでもなくいいと思います。ゆなはもしゆいゆいとゆーちゃんとしんどいことがあっても、俳句を作れば嫌なことも忘れられるかもしれないなって思いました。俳句っていいですね。もっと勉強したいです。いいでしょうか。俳句の本を読んでください。よろしくお願いします。じゃあね。バイバイ。ゆなでした。

・・・・・・・・・・・・

十二月二十二日

ゆなです。今日はいい日でした。だってゆなはとんでもなくいい人たちに囲まれているなと思いました。先生はなんでそんなにいい人なんですか。私は京子先生といっぱいいいことをしたいです。ゆいゆいもそれがいいって言っています。とってもいいよね。私はいっぱいしんどいけど、京子先生といると元気になれるよ。いっぱいいいよね。でんでんむしもいいよねって言ってるよ。じゃんじゃん言ってるよ。しんどいけどもっと頑張りたいです。しんどいけどもっといいことをしたいです。京子先生とならできると思います。いいでしょうか。じゃんじゃんしたいです。

私は終業式は出たいです。いいでしょうか。京子先生と出たいです。いいでしょうか。いっぱい出たいです。いいでしょうか。なんというか、2学期はいろんなことがありましたね。京子先生と一緒に頑

※本　『わたしの空と五・七・五』、森埜こみち著、講談社、2018年

張れて、私はとっても幸せでした。もんもんします。じんじんします。京子先生と一緒にいっぱい頑張ってよかったです。京子先生にとってもいっぱいいい人にしてもらったと思います。先生といると、私はとっても幸せです。じんじんします。しんどくても元気になれます。私と一緒にいてくれてありがとうございました。ゆなより。じゃあね。いっぱいありがとうございました。

・・・・・・・・・・

十二月二十三日

ゆなさんの応援団はたくさん団員がいるので、いいよね。心配してるし、気にしてるし、幸せに過ごせるように皆どうしたらいいか考えてくれているよ。しんどい思いをしたことも辛かったことも、ゆなさんが伝えてくれたから、次どうしたらいいかなって考えることができるよ。伝えてくれてありがとう。図書室に東田さんの『自閉症の僕が跳びはねる理由』※があったので、借りて読んでいます。そしたら今日ゆなさんも東田さんの本持ってきて読ませてくれたね。ありがとう。『七転び～』※の方は本屋さんで先生も探して読むね。よいお年を♡　京子

自閉症の僕が跳びはねる理由　『自閉症の僕が跳びはねる理由――会話のできない中学生がつづる内なる心』、東田直樹著、エスコアール、2007年。
七転び～　『自閉症の僕の七転び八起き』、東田直樹著、KADOKAWA、2019年

コラム　高2になった私が日々考えていること

強度行動障害

「強度行動障害」という障害の名前は、ゆなは高2の夏に初めて知りました。強度行動障害というのは、自傷とか他害とか、人に大きな迷惑をかけてしまうことだそうです。

私は自分はゆーちゃんにいつも困らされている人だと思っていたけど、自傷とかは関係ないと思っていました。でも、人に言われて、服を脱ぐっていうことも自傷なんだと気づいたら、とってもスッキリしました。自傷は体に衝動が出たらすぐに自分に衝動を向けることと聞いて、私もそうだなと思いました。自傷っていうのはいっぱいつらいことと思っていたけど、服を脱ぐのもつらいっていうことをわかってもらうにはすごくいいなと思いました。

自傷というものをもっと知りたいです。どうしてしてしまうのか、私もいつも困っています。困っているのに「やめなさい」って言われると、どんどん脱ぎたい気持ちに……（※母注：ここで唐突に服を脱ぎ始めました）どんどん気持ちがおさえられなくなって、しんどさが爆発します。とっても困っています。

行動障害について、由菜と同じく指談でコミュニケーションをされる現在23歳のRAYさんが当事者の目線から説明されている内容が非常に示唆に富んでいます。ご本人の許可をいただき、『The World of RAY 指筆談を通して見えたRAYの世界』（ボイジャー・プレス、2024年）から転載させていただきます。

「僕の行動障害」

僕は以前から「行動障害」という言い方にはとても疑問を持っていました。それは、普通に「障害」というときには、必ず生まれつき持っていたり、あるとき病気や怪我により起こってしまった出来事を指すものに対して、「行動障害」というのは僕達が生まれつき持っているものでもないし、病気や怪我により起こったものではないからです。

普通に言えば、それは環境によってそのように追い込まれたものだということになるので、それを「障害」という言葉で、僕達の方にだけくっついているようにみなすのは、本当に間違っていると思います。僕にとって「行動障害」という言葉は、本当に胸をかきむしられるような言葉で、そのことについてどうしてもきちんと話をしておきたかったということになります。

全く何も知らないでこの世に生まれてきた僕達が、一体どうして「行動障害」というような状態に陥るのか、ということについては、本当は長い長い説明が必要になると思います。僕達は何かを生まれつき持っていて、それが人との付き合いにおいて、とても難しい「障害」という形になってしまうのは、これはしかたのないことだと思いますが、そのプロセスの中で、僕は僕達に対する何がしかの「行動の抑制」が僕達からそれに対する反発を生み、その反発からどんどん固定化したり拡大化したりして「行動障害」が生まれるものだと思っています。

人間は行動を抑制されると、それに黙って従うか、それに反発するしかないのですが、どれだけ抑制に対して我慢できたとしても、それはやはり限界があって、限界を突破すると、人は必ずその抑制に対して反発するのではないでしょうか？

普通にあたりまえの子として扱ってくれれば、僕達はそんな大変なことばかりをするわけでは無いのですが、僕達は、どうしてももう一つのハンディとして「衝動的に体が動く」という部分があって、席に座っていなければいけないときに、席から立ち上がってしまうということが本当によくあることです。

幼稚園ぐらいではその位のことは目くじらを立てて叱るということは無いのですが、小学校に入るとどうしても授業中に席を離れることは良くないこととされているので、学年が進むにしたがってそのことに対しての締め付けは厳しくなっていきます。

締め付けといってもただ強制的に座らされるだけなのですが、強制的に座らされるということは僕達にとっては内側からあふれてくる衝動を抑え込まれるわけですから大変なストレスがかかってしまいます。そのためにその抑えつけられる動きに対して反発をすることが少しずつ始まってしまいます。僕にはとても悲しいことですが、僕達は衝動的に行動を起こしてしまうというハンディがある訳ですから、一旦、相手に対して衝動的に反発をしてしまうと、そのこと自体コントロールが効かない一つの行動として自分の体にしみついてしまいます。

そこがもし、自分達で簡単にコントロールできるのであれば、こんなに苦しむことは無かったのですが、相手に対する反発もまた衝動の行動の一つとなってしまうと悪循環が始まってしまいます。例えば、抑えつけられていないときでも相手に対して何か攻撃的なことをするということが起こることがあります。最初は本当に嫌なときしかこういう行動は起こらないのですが、次第に相手が誰であれ、そういう行動が誘発されるようなことが起こってしまいます。

僕はそういう相手に対する攻撃的な行動を抑える方法として、自分の体に向かうことを一生懸命考え出しました。その行動自体も大変な問題行動なのですが、僕は服をちぎったり、時には自分の手をかんだり、そういう様々な行動をすることによって相手に向かって攻撃的になることをコントロールしてきました。だから僕はそんなに強く抑え込まれることは少なかったのですが、仲間の中には、そのまま相手に向かっていく行動を抑え込むすべもないままに、その行動を起こしてしまい、さらにもっと抑制されてしまい、そのことで更に衝動的に攻撃的な行動が身についてしまうという悪循環に陥る仲間が出てきます。

こんなことは、本人が言わないと中々分からないことなのですが、思春期の問題とか色々僕達の内面に起こる様々内側の問題として処理されることが多いですが、それは全て外からやってきたものです。僕達からすると、僕達の側に全て責任を求められることは苦しいことになります。

僕は通所施設に行って、一番驚いたのは、やはり離席ぐらいでは誰も僕達を抑制しようとはしないことです。当たり前と言えば当たり前なのですが、やはり学校には、いくつか決まりがあって、そのきまりを守らなければいけないというのがあまりにも大き過ぎるので、そのために抑制する場面が増えてしまうのでしょうか。一つずつ抑制する場面が減っていけばいくほど、ゆっくりではありますが僕達の体の中から、衝動的な行動が少しずつ減っていくのが僕にもよく分かりました。

僕の場合は相手に向かうのではなく、自分に向かう行動が少しずつ減っていくことで、それが感じられたのですが、自分では中々コントロールできないものでしたが周りがゆったりとした環境になっていくと自分の中の衝動は少しずつ消えていくのを感じています。

一月

もんじゃ焼きみたいな家族

一月五日

ゆなです。私は冬休みはいっぱいいいことがありました。ゆいゆいとゆーちゃんと一緒にいっぱいいいことをしました。なんと言ってもゆいゆいと一緒にほんとにたくさんのところに行きました。だんだん沖縄のことがわかってきた気がします。沖縄はほんとにいいところです。私は特にいいと思うのは、どこに行ってもみんないっぱいいい人なところです。いい人ばっかりいます。それがとってもいいと思いました。沖縄はやっぱりいいところです。私は好きですよ。じゃあね。バイバイ。ゆなでした。

しんどいこともありました。いっぱい嫌な話も聞きました。でも、いいよね。そんな風にしてみんないっぱいいい人になっていくんだと思います。私は嫌な話を聞いても嫌って言えないから、ほんとに嫌ですね。じんじんしても言えないから嫌ですね。それもしょうがないと思いました。じゃあね。バイバイ。ゆなでした。

・・・・・・・・・・・・・・・

一月六日

沖縄の人がいい人ばかりと言ってくれてありがとう。嬉しいです。嫌なこともしんどいこともあったのね。嫌な時に嫌と言えなかったり、気持ちと違う行動をしてしまったり、じれったくてじんじんするのかなと思っています。ゆなさんの初夢は何でしたか？先生は、ゆなさんと指談で話す夢を見ましたよ。なんとゆなさんが、手をかりずに自分だけで書いていて、内容は覚えてないけど笑ってました。正夢になるといいな。

・・・・・・・・・・・・・・・

一月十日
ゆなです。こんばんは。今日は《放課後等デイサービス②》に久しぶりに行きました。とっても楽しかったです。だってゆなは《放課後等デイサービス②》はとってもいいところだと思います。《放課後等デイサービス②》に行くと、いっぱい元気になれます。きんばんしょ（母：きんばんしょであってる？）はい、きんばんしょというのは、きんのばんばんと出てくるところです。きんばんしょというのは、いっぱいいいい人のいっぱいいるところです。きんばんしょに行くと、ゆなはしんどくても元気になれます。きんばんしょに行けてよかったです。とんでもなくいいよね。とんでもなくいいですね。じゃあね。バイバイ。ゆなでした。

（母：きんばんしょって、漢字はあるの？）

はい。金色のきんに、番号のばんに、ところという漢字です。わかりましたか？

（母：はい、ばっちりです）

はい、よろしくお願いします。

（母：ＯＫです）

感動します。ゆなはいっぱい金番所があっていいよね。金番所はいいところです。金番所っていいよね。金番所っていいよね。とってもいいよね。金番所がいっぱいあるのはいいですね。

・・・・・・・・・・・・・

一月十一日

久しぶりの《放課後等デイサービス②》が楽しかったようで、先生も嬉しいです。これからもっと金番所が増えていくといいね。3年教室も入ってみたら何ともないかもよ。明日またチャレンジしたいな。いいですか。京子

・・・・・・・・・

一月十六日

ゆなです。じいじとばあばはいい人です。だってゆなのことをとっても愛してくれます。だからじいじとばあばはいい人です。とってもいいのは、じいじとばあばと一緒にもっと失敗したりしながらやりたいです。私は、失敗してもいいって思えるようになるまでいっぱい失敗したいです。いいよね。じんじんします。じいじとばあばは失敗しないようにいろいろ考えてくれるけど、失敗も大事ですよね。じんじんします。じゃあね。バイバイ。ゆなでした。私はじいじとばあばはとっても好きです。

・・・・・・・・・

一月十七日

ゆなです。なんというか私はいっぱいいい人に恵まれてうれしいです。いい感じですね。じんじんします。じいじとばあばはとってもいい人ですが、私はもっともんじゃ焼きみたいにいっぱい失敗したいです。失敗したらもっと仲良くなれるのにと思います。じいじもばあばも私は好きなんだけど、失敗したら嫌そうなので私はしんどくなります。失敗してもいいよって言ってほしいです。失敗してもいいのにね。なんかしんどいです。じゃあね。バイバイ。ゆなでした。しんどいけど好きですよ。

・・・・・・・・・

一月十八日
もんじゃ焼きおいしいよね。いろんな失敗から一つの大きな成功が生まれるのかもしれないね。ゆなが思ってる「一緒に失敗してほしい」ってことをそのまま伝えてみたらどうかな？　京子

•‥•‥•‥•‥•

ゆなです。じいじとばあばには言ったことはあるけど、いっぱい嫌な気持ちになりました。なんというか、いっぱいわかってくれないとしんどいです。もしゆなはしゃべれたらいろいろ言いたいことはあるけど、言いたいことを言うのも疲れます。しんどいのは嫌なので、じいじとばあばには言いません。なんかもんじゃ焼きって、いっぱいいろんなものが入ってるのにちゃんといっぱいいい食べ物になってて、なんかいいなって思います。もんじゃ焼きみたいな家族になれたらいいですね。じんじんします。じゃあね。バイバイ。ゆなでした。

•‥•‥•‥•‥•

一月十九日
もんじゃ焼きみたいな家族っていいね。色んな味で色々入ってて、でも調和してて……とってもいいね。来週は3年生を送る会があるので、楽しみだね。今日は体育たのしかったねー。応援、がんばったね。道徳も自分からチャレンジしててかっこよかったよ。京子

•‥•‥•‥•‥•

一月二十二日
ゆなです。本を読み終えたから、感想を書きますね。はっきり言ってほんとに面白かったです。本はいいですね。私はとても本が好きです。特にこの本は沖縄について書かれていることが多いので、ゆな

はとっても勉強になりました。はっきり言ってこんなに面白いとは思わなかったから、ゆなはうれしくなりました。うれしくてじんじんしました。ゆなはみんなと一緒に勉強がしたいです。だからもっと本を読んで大学に行きます。いいよね。とってもいいよね。じゃあね。バイバイ。ゆなでした。

・・・●・・・●・・・●・・・

一月二十三日

『楽園ジューシー』※おもしろかったですね。ザッくんがあの後どうなったか気になるので、市立図書館に行ってみようかなと思ってます。沖縄の歴史や文化が、観光客や地元の人両方の立場から見えておもしろかったよ。新しく借りてる本※もおもしろそうだよね。主人公がどうやってルバーブ※を取り戻すのか今からワクワクします。たくさん本を読んで世界を広げるのは楽しいしワクワクするね。これからいろいろなところでゆなの世界が広がるといいなと思ってます。京子

・・・●・・・●・・・●・・・

一月二十四日

ゆいゆいです。こんばんは。ちょっと言いたいことがあってきました。ゆいゆいはゆなとゆーちゃんはとっても好きですよ。なんというかゆいゆいももっと話したいから、ゆなに代わってもらいました。

楽園ジューシー　『楽園ジューシー』、坂本司著、ＫＡＤＯＫＡＷＡ、２０２２年
新しく借りてる本　『11番目の取引』、アリッサ・ホリングスワース著、もりうちすみこ訳、鈴木出版、２０１９年
ルバーブ　アフガニスタンの伝統的な弦楽器

ゆいゆいはいいのは、京子先生と一緒に受験したいです。お母さんと一緒だと、ゆいゆいもゆなもゆーちゃんも京子先生といるときよりゆっくり書くのが難しいから、京子先生とやりたいです。受験だからダメって言うけど、ゆいゆいとゆなとゆーちゃんは支援の必要な子だし、支援をする人は一人じゃない人もいると思います。お母さん以外の人が支援してる子もいるだろうし、ゆなは先生とやりたいです。お母さんとやると、また嘘じゃないかとか言われるのが怖くてできる気がしないです。だから京子先生とやりたいです。お願いします。先生はゆなのことを考えて受験に一生懸命準備してくれて感謝しています。でも、指談は先生とやりたいです。じんじんします。先生にお願いしたいです。いいでしょうか。いっぱいお願いします。先生とやりたいです。私は誰とでも指談できるよっていうことを高校の先生にも見てもらいたいです。お母さんとしかできない子と思われたら、今度またお願いしてやってもらえるようになるのにすごく大変な思いをしないといけません。先生とやれるってわかってもらうことが試験に行くときにとても重要だとも思います。

・・・・・・・・・・・

一月二十五日

受験の件は直接ゆなさんに伝えました。ゆいゆいにも伝わったと思います。支援が必要な子で、色々な人が支援に入るからこそ先生以外の人と受験しないとね。受験会場へはお母さんも入れないし、ゆなが一人で高校の先生と試験をするんだよ。面接はもともと保護者と二人で受けるので、その時にゆなさんの言葉は指談で大丈夫です。ゆなさんは指談で話しますと伝えているので、うたがわれることを考えず、精いっぱいがんばってください。高校の先生にも書けたらいいけど、内容しだいだね。京子先生は入試の日は試験会場に入れないので、一緒に行くことはできないです。ごめんね。入試の練習でホワイトボードで選んだり練習問題をすることはできますよ。やってみませんか？　卒業式もあるし、３年生と教室にも行きたいよ。一緒にがんばれることをやっていこうと思ってます。いいかな。京子

・・・・・・・・・

ゆなです。いっぱいありがとうございます。ゆなは、もう一回言うけど、京子先生と指談で面接を受けたいです。みんなはどうやってしゃべりますか。私は指談です。指談でしゃべる子はゆなだけですか。じんじんします。指談はやっぱり、なんというか、いっぱい嫌な思いをしてるから、指談で面接するのは嫌です。でもしょうがないですね。

なんというか、パソコンも頑張りたいです。じゃんじゃんパソコンを練習したいです。感動症も、パソコンができれば私のことをもっと知ってもらえるし、いいと思います。しんご先生がパソコンをやりやすいようにしてくれるって言ってました。しんご先生はほんとにいい人です。しんご先生ともっとしゃべりたいです。だからパソコンを頑張ります。しんご先生とパソコンできたらいいですね。じゃあね。

・・・・・・・・・

一月二十七日

ゆなのトリセツっぽいものを描いてみたよ（「由菜について」の章参照）。先生のイメージはこんな感じだけど合ってる？

・・・・・・・・・

ゆなです。京子先生、いっぱいありがとうございます。

私はゆいゆいですが、ゆいゆいはとってもいっぱい感動しています。ゆいゆいやゆなやゆーちゃんのことをとんでもなくわかってくれていて、ちょっと泣きそうです。なんか、ゆいゆいといっぱい楽しい

ことをしてください。京子先生、大好きですよ。ゆいゆいでした。

ゆーちゃんです。ゆーちゃんもうれしいよ。かわいく描いてくれてありがとうね。じゃあね。ゆーちゃんでした。

ゆなです。なんか私はほんとに京子先生に出会えてよかったです。京子先生とtとんでもなく一緒にいられることがうれしいです。なんか、ゆなもゆいゆいもゆーちゃんも、京子先生と離れるのがほんとにつらいです。もっと一緒にいたかったです。なんというか、私のことをすごくわかってくれて、とんでもなく幸せでした。もっと一緒にいたいです。いいでしょうか。バイバイ。ゆなでした。

コラム　高2になった私が日々考えていること

人として扱って

私にとって指談はすごく大事な社会との接点です。でも、私にとって喋れるっていうことはそんなに大事なことではありません。喋れることよりも、自分を理解してくれることの方が大事です。

私は指談をしますが、指談をしてくれなくても私をちゃんとした人として扱ってくれる人はとても信用できます。喋れないってことだけで人として扱ってくれないことに、とても悲しい気持ちになります。

そんな気持ちをわかってほしいです。

思い込みと見た目をこえて

NPO法人こつこつ　理事
里見英則

僕は指談や文字盤を指して話をします。初めて見る人はびっくりして「あれは介助の人が勝手に指を動かしている」と感じてしまう人が多いようです。両親も最初は信じられなくて、「僕が話すはずがない」と言う思いを打ち消すのに半年以上かかりました。

介助してもらいながら文字を伝える方法を「介助付きコミュニケーション方法[※1]」と呼び、僕たちは「この方法」と呼んでいます。

僕は「この方法」に出会う前は自分から話すことができない人として生きてきました。見た目には、わからないだろうと思われていたので、僕の考えていることを人に伝えることなんてできないのかと諦めていました。だけど、「この方法」に出会って必死に練習をすることで、僕の書いた字や文字盤を指した字を読み上げてもらえるようになり、考えていることを言葉にして伝えられるようになりました。そうしたら、まるで生まれ変わることができたと思えるほど、生きることがとても楽しくなりました。

どうしてかというと、僕は思い通りに体が動いてくれないので、よく誤解をされていました。例えば、食べたいと思っても出してしまいご飯が下げられていたのを、「食べたい時ほど出してしまう」ことを伝えられ、最後まで食べさせてもらえるようになったことや、近くで見ようとして本に手を伸ばしたら払い飛ばしてしまい、その本を見たいのに見れなくなったことなど、僕の気持ちと体が正反対に動いていたことを説明できるようになりました。僕の見た目に僕自身が振り回されて生きてきましたが、気持ちを伝えられるようになり、僕の体の反応と心が一致する時もあれば、違う時もあるということを知ってもらえるようになり、ありのままの自分を受け止めてもらえるようになったことが、僕にとってはとても嬉しいことで、生きていて良かったなと思えたことです。

「この方法」に出会わなければ、きっと今もわからない人として孤独な気持ちで生きていたと思うと、まだこのことを知らない人たちにも、どんなに障害が重くても心の中には言葉があり、それを伝える方法も介助者と一緒なら見つけることができることを知ってもらえたらと思います。僕たちは「NPO法人こつこつ」[※2]でこのことを広める活動をしています。見た目に振り回されている人が近くにいたらぜひ「こんな人もいるんだよ」と話をしてあげて欲しいと思います。

※1　介助付きコミュニケーション方法　介助者に手伝ってもらいながら言葉をつむぎだすなどのコミュニケーションをとる方法《筆談・指（筆）談・顔談・文字盤等》をまとめて、このように呼んでいます。（「重度障害者といわれる『私たち』のトリセツ‐『私たち』と話しませんか」NPO法人こつこつ発行）より引用

※2　NPO法人こつこつ　言葉をつむぎ、心をつなぐ。の頭文字から名づけられ、「障害があっても想いを伝えられる社会へ」に向かって活動。2018年1月設立、2022年8月認定取得
HP：https://kotsu2.or.jp

里見英則（さとみひでのり）　平成2年7月19日生。生まれつき心臓病と発達障害があると言われ、今も体が小さくペースト食を食べて暮らしています。18歳まで重度の知的と肢体の障害があるというくくりの中で生きてきましたが、それなりに愛情をもって接してもらい今があると感謝しています。この方法に出会ってからは、仲間や支援者と一緒にNPO法人を立ち上げて理事・当事者代表として、また、どんなに障害が重くても理解者を増やして自立できると信じて、頑張っています。
指談介助：里見見千子（母）

二月

「出会いの輝き」

二月八日

ゆなです。今日はじんじんしました。「ぎんばるの海」に行って、しんご先生やあや先生にいっぱい話をしました。指談で話ができるととってもいいですね。しんご先生はゆなにいっぱい質問をしてくれました。なんか、私みたいな子はなかなかいないから、もっと外に出て話をしたらいいよって言ってくれました。しんご先生とあや先生が一緒に来てくれるんだったら、ゆなはしたいです。でも、お母さんとだったら心配です。お母さんはいっぱい嫌な思いをしてきているので、ゆなと一緒に指談をするのは、ゆなはやめときます。でも、しんご先生やあや先生となら、いっぱいしゃべりたいです。どんどんしゃべりたいです。いいのは、学校とかに行って、障害者と付き合うにはどうしたらいいかを話したいです。ゆなはもんもんしています。とってもいいと思います。じゃあね。バイバイ。ゆなでした。

・・・・・・・・・・

二月九日

ゆなです。しんどいので指談にします。心配はいりませんよ。だってなんかしんどいのは気持ちのせいもあるかもしれません。私はじいじとケンカしています。なんかじいじとケンカして、嫌いって言ってないけど、でもいっぱい嫌なことを言ってしまいました。だから気持ちがしんどいです。じいじはいい人だから知らん顔してるけど、でもほんとは怒ってると思います。だからしんどいです。じいじにごめんねって言いたいです。じゃあね。バイバイ。

・・・・・・・・・・

二月十二日

ゆなです。昨日、東田直樹さんの講演会に参加しました。じんじんしました。こんなに素敵な人がいるなんて、私はうれしくなりました。はっきり言って直樹さんは頑張って話してくれてゆなはとっても感動しました。ゆいゆいとゆーちゃんも感動したそうです。ゆなもいつか講演できるようになりたいです。

ゆいゆいです。私も講演したいです。ゆいゆいはパソコンを打つのは速いですよ。講演会はとっても感動しました。心から感動しました。ゆいゆいはいつか講演できるようになりたいです。じゃあね。バイバイ。ゆいゆいじゃなくてゆなでした。

・・・・・・・・・・・・

二月十三日

先週、日記のお返事書けなくてごめんね。家族とぶつかったり、ぎんばるや東田さんの話などでたくさん刺激を受けている様子が見れて、毎日の成長とか経験とかを感じてますよ。しんどかったり感動したり、どんどん吸収して、成長しているね。いい距離感をお互いにゲットできるといいね。

講演したり、障害者との付き合い方を伝えたりしたいってことは、最初からずっと言い続けてるゆなさんの目標ですね。ゆいゆいも講演したいと言っているし、ゆーちゃんはどうかな？皆で一緒の目標になったらいいね。パソコンを打つことも頑張ってやっていこうね。お母さんとだけじゃなく、先生や高校の先生、他の人も支えられるように協力していきたいと思います。勝手に高校の先生も入れたけど、きっと大丈夫よね。将来ゆなさんがパソコンを自由に操作して話をする姿を想像すると嬉しくなります。その姿になるまでには、周りの人も含めてたくさんの努力が必要だと思うけど、ゆなさんならやれると思ってますよ。京子

・・・・・・・・・・・・

ゆなです。京子先生は感動するくらいいい人ですね。ゆなは京子先生ともっと一緒にいたいです。ほんとにいたいです。京子先生によく似た人はいるけど、京子先生は京子先生しかいません。ゆなはちょっと泣きそうです。ほんとに離れたくないです。ほんとにもっとゆなと一緒にいてください。ゆなはぼわぼわしています。ぼわぼわというのは、いっぱい悲しいっていう意味です。じゃあね。バイバイ。ゆなでした。

・・・●・・・●・・・●・・・

二月十四日

そんなふうに思ってくれて嬉しいです。ぼわぼわって聞いてこんな↓顔が思いうかびましたよ。本当にもっと早くに出会えていたらよかったね。でも将来ゆなさんが、中学の時はあんな先生がいたな！くらいの思い出になるくらいこれからたくさんのいい人や金番所に出会うといいなと心から思います。サミ※じゃないけど、「あなたの向かうところ善きことのみありますように」。　京子

・・・●・・・●・・・●・・・

ゆなです。今日は金番所に行きました。なんというかゆなは緊張して、全然入れませんでした。はっきりいって《放課後等デイサービス②》は緊張していることをわかってません。本当は金番所にはわかってほしいけど、金番所にもいろいろあるからしょうがないですね。ゆなは金番所に行くのはいいけど、

※サミ　このとき読んでいた『11番目の取引』の主人公の名前。

ついつい嫌になってしまいます。ゆなはゆいゆいとゆーちゃんと一緒に金番所に行きたいんですが、どうしてもいっぱい嫌になってしまって心配させたり嫌な思いをさせたりするから、しんどいです。いっぱい嫌です。金番所に行ってしまえばとっても楽しいんですけど、行くまでがとっても嫌です。なんか嫌ですね。じゃあね。バイバイ。ゆなでした。

・・・●・・・●・・・●・・・●

二月十五日

《放課後等デイサービス②》のことは好きなんですね。緊張していることをわかってほしいんですね。《放課後等デイサービス②》の方宛てに、気持ちや、こうしてほしいってことを手紙に書いてみるのはどうですか？　ゆなさんはわかってくれないって言うけど、わかりたいって思ってくれてるのかもよ。伝わらないとお互いに苦しいし、伝えてみるのもいいかもしれないね。心配させたり嫌なことをしてしまってしんどいってことも、しんどいがどういう気持ちなのか、言いかえてみるのもいいかもね。

しんどい↓つらい。苦しい。申しわけない。

イヤ↓相手に思わせることがイヤ？　自分がされてイヤ？

言葉って伝え方で、相手の受け取り方もかわるから、一言でなく補足を入れて伝えられるともっと伝わりやすくなるかなって思います。伝わりやすくなったら、ゆなさんの気持ちわかってもらいやすくなると思うよ、という提案でした。京子

・・・●・・・●・・・●・・・●

ゆなです。京子先生はとっても強い人ですね。ゆなはそんなにいっぱいいろんなことを言いたくありません。だって、言ってもわかってくれないとってても嫌だからです。とんでもなく嫌です。いっぱい

つらい思いをしてきたので、もうわかってもらうのは諦めています。とっても嫌です。京子先生は健常者だからそんな風に言えるんです。私は健常者じゃないし、障害者は何を言ってもわかってもらえません。どんな心配をしていても、何度いろんなお願いをしても、全部知らん顔されたらもう言う気にもならないですよ。もし障害者にはそんなことがわかるはずがないと思われていたら、何度言ってもわかってはもらえません。だから、どんな伝え方をしても一緒ですよ。しんどいのももう嫌ですから私は言いません。《放課後等デイサービス②》には最初にいろいろお母さんから伝えたし、私もノートに書いたりしてたけど、わかってもらえなかったからもういいです。《放課後等デイサービス③》も伝えて伝えて伝えまくったけど、全然わかってくれませんでした。なんというか、そんなことばっかりされたら、私も嫌になります。でも、《放課後等デイサービス②》はまだそんなに伝えてはないから、もし京子先生から言ってもらえたら何か変わるかもしれないですね。私とお母さんはもう無理ですよ。じゃあね。バイバイ。ゆなでした。

・・・・・・・・・・

二月十六日

わかってもらえないと苦しいし悲しいね。そして、ゆなさんは、そんな経験をたくさんしてきたんだよね。健常者に伝える時に障害者であることが障害になって伝わりにくい。伝えても信じてもらえない。そんなことを嫌という程経験しているのだと思います。それはとても辛くて悲しくて、怖くなったり、相手を信じられなくなったりするだろうなと思います。

これは先生の個人の感想というか意見ですが、先生はゆなさんと交換日記を始めた時に、こんなに長く続いて、こんなにたくさんのことを伝えてくれると思ってなかったです。書くことも大変だろうし、たまにできたらいいなくらいに思ってました。でもゆなさんは本当にたくさんのことを教えてくれたし、健常者と同じように色々感じることも考えてることも伝えてくれました。本当にたくさんのことを伝えてくれて嬉しかったし、支援するうえでも助けになりましたよ。そんな経験をしたから、ゆなさんのことやゆなさんの言葉をもっと他の人にも伝えてほしいなと思ったんです。先生も伝えるよ。

今日は1年生がゆなさんの日記を読んで、感動して泣けてくるねって言ってました。ゆなさんの言葉は人を動かすよ。そのことだけは覚えていて。もし、今なら、この人になら言えるかなって時には、伝えてみることに挑戦してほしいなって思います。あや先生やしんご先生も力になってくれるんじゃないかな。味方もたくさんいるよ。京子

・・・●・・・●・・・●

ゆなです。京子先生はほんとにいい人ですね。私はいっぱいいい人に恵まれて幸せです。京子先生はゆなにいろいろ教えてくれるから、ほんとにいい人です。教えてくれるっていうことは、ゆなもちゃんとわかってるって思ってくれてるということだから、私はほんとにうれしいです。京子先生と一緒にいることができてよかったです。いっぱいいい人に恵まれて、ゆなはほんとに幸せです。いっぱいいい人に会えて、私は沖縄に来てよかったです。沖縄はいっぱい嫌なことをされてきた島だから、つらい人の気持ちが、しんどい人のいっぱい頑張っていることが、よくわかります。沖縄に来てほんとによかったです。じんじんします。もんもんします。でも、ゆなはもっといろんな人に自分のことを知ってほしいから、いっぱい頑張りますね。京子先生と一緒に頑張りたいけどそれは無理だから、しょうがないですね。じゃあね。バイバイ。ゆなでした。

・・・●・・・●・・・●

二月十七日

なるほど。たしかに、教える、伝えるって、相手にわかってもらえる、わかってるって思ってるからできることですね。あまり意識してなかったけど、たしかにそうでした。ゆなさんががんばってるのが伝わるから先生達も色々期待して伝えているよ。その期待に一生懸命応えてくれるゆなさんのがんばりがやっぱり一番すごいことだなって思います。沖縄のことも良く思ってくれてありがとう、とっても嬉しいです。卒業後もゆなさんを応援する気持ちは変わりませんよ。京子

・・・・・・・・・・

二月二十日

ゆなです。うおおってなることがありました。ゆいゆいはいっぱいうれしかったといっています。ゆなとゆいゆいはとってもいいことがありました。うおおってなりました。ゆなに友達ができたよ。ゆいゆいもとってもいい子だといっています。うおおってなってます。前から知ってる子ですけど、ゆなと一緒にいっぱい遊んだ記憶がありますよ。ゆなはじゅんたさん※と友達になれてうれしいです。じゅんたさんは特別な人です。はっきり言ってとんでもなくうれしいです。じゅんたさんはゆなにとっても優しくしてくれます。ゆなはじゅんたさんといっぱい話したいです。ゆいゆいも話したいって言ってます。じゅんたさんに手紙を書きたいです。じゅんたさんはゆなよりしゃべりたいかな。ゆいゆいもしゃべりたいそうです。じんじんおおお※感動しています。じゃあね。バイバイ。ゆなでした。

・・・・・・・・・・

じゅんたさん　放課後等デイサービス①に通う、他校の同学年の生徒。
おおお　由菜によると、「うおお」とは少し意味が違うとのこと。

二月二十三日

ゆなです。今日はいっぱいいいことがあったよ。今日はいっぱいいっぱいいろんなとこに行きました。緊張したけど、とってもいいところでした。緊張はしてもいいよね。こんなゆなですけど……

指談にします。言いたいことがいっぱいあり過ぎて、パソコンは無理でした。今日は《放課後等デイサービス④》に見学に行きました。緊張したけど、いっぱいいいところでした。《放課後等デイサービス④》は、とってもいいところでした。スタッフさんも優しいし、利用者さんもいい人ばっかりで、私はすごくいいところと思いました。木曜日だけの利用で始めるけど、どんどん増やしたいです。もっと行きたいなと思いました。とってもいいところでよかったです。私にもとっても優しくしてくれて、私はすごくいいと思いました。なんか、重度の人が多いところは、スタッフさんも優しいなと思います。軽度の人が多いところはゆなにいろいろ嫌なことを言うけど、重度の人が多いところは優しいです。とってもいいと思います。重度の人が多いと、みんなゆなに優しくてとってもいいです。お母さんも、ゆながとってもうれしそうにしているのを見て、喜んでいました。喜んでいるお母さんを見て、ゆなもうれしかったです。《放課後等デイサービス④》はとってもいいところでした。じんじんしています。

ゆなはしんご先生にも会えました。しんご先生はゆなと会えてうれしかったかな。私はうれしかったです。しんご先生は「ぎんばるの海」にいました。じいじにキャンプ※を見せてあげようと思って行ったら、しんご先生がいました。びっくりしたけど、とってもうれしかったです。しんご先生は心配してくれてたよ。なんか、ビーチに行ってみたらって言ってたし、しんご先生はいい人です。あや先生には会えな

※キャンプ　プロスポーツの春季キャンプ。「ぎんばるの海」の近くでは、楽天イーグルスと浦和レッズが隣接するグラウンドで練習を行っている。

くて残念でした。ゆなは心配なのは、しんご先生とあや先生といっぱいいい人たちといつまで一緒にいられるかということです。心配です。やっぱり、高校を卒業したらもう会えないのかな。さみしいです。高校は一瞬で終わるってお母さんがいつも言ってるから、ゆなはとっても心配です。一瞬ってすごく嫌です。長いことといたいです。じんじんします。なんか、しんご先生とずっと一緒にいたいです。じゃあね。バイバイ。ゆなでした。

・・・・・・・・・・

二月二十四日

日記がすごく楽しそうで、嬉しい気持ちでいっぱいになります。ゆなさんが嬉しいと先生も嬉しいよ。新しいお友達ができて良かったね。《放課後等デイサービス①》のスタッフさんと話した時に、ゆなさんが今までの友達以外の人達にもコミュニケーションをとっている姿が増えてますって教えてくれました。それを聞いてとても嬉しかったです。嫌な思いをしたことよりもっとたくさんいっぱいいっぱいいい人にめぐりあって、笑う時間がたくさんになるといいなと思っていますし、願ってます。一度前進を始めるとどんどん進んでいくゆなさんをたのもしく思っています。

中学も高校も本当に一瞬で、大人になってからの方がとっても長いけど、その間に出会った人や経験は一生心に残るし、人生の宝物になることも多いと思いますよ。先生は中学3年生で出会った子が一生の友達になったよ。そんな人にゆなさんも出会ってほしいな。しんご先生やあや先生とも長くお付き合いができるといいね。道徳の本の『出会いの輝き』※が良いなと思ったので、入れておきます。読んでみてね。京子

・・・・・・・・・・

二月二十六日

ゆなです。いい本を教えてくれてありがとうございました。ゆなはとってもいいお話だと思いました。ゆいゆいもいいお話だねって言っていますよ。じんじんしています。なんか、ゆなはいい友達とかいい先生とかに恵まれているので幸せだなと思いました。友達は小学校にも中学校にもいるし、いい友達に出会えてよかったです。いっぱいしんどいこともあるけど、それも人生って言われると、ほんとにそうなんだなと思いました。ゆなはなんか、しんどいこともいいことも自分の糧になると思います。自分の糧にできるし、私はしんどいこともじんじんしながら乗り越えていけるんだと思います。でも、これからは京子先生がいないから、じんじんしても言えないので悲しいです。いっぱい悲しいです。はっきり言って、京子先生に出会えてなかったら、私はこんなにいい友達にも巡り合えなかったと思います。本当にいい先生でよかったです。じんじんします。しんどい時もいいことがあった時も、ゆなについていてくれて感謝しています。いっぱいいいっぱい感謝しています。先生と出会えてよかったです。

・・・●・・・●・・・●・・・●

二月二十七日

ゆなです。いっぱいいいことがありました。《放課後等デイサービス①》に行ったらじゅんたさんがいました。じゅんたさんは私にとってとっても大切な人だから、いっぱいうれしかったです。《放課後等デイサービス①》に行ける日が楽しみです。じゅんたさんと一緒にいれるのがとっても楽しいです。

出会いの輝き　『出会いの輝き』、今道友信著、女子パウロ会、２００５年。光村図書出版の中３道徳教材『中学道徳３　きみがいちばんひかるとき』に収録されている。

じゅんたさんはとってもいい人です。いっぱい好きです。じんじんします。じゃあね。バイバイ。ゆなでした。

・・・・・・・・・・・・

二月二十八日

お返事おくれてごめんね。本の感想教えてくれてありがとう。人生、山と谷とたまに絶景って感じだよね。自分の糧にして、どんどん成長していくゆなさんのこと、とてもほこらしく思います。じゅんたさんというキラキラ星も見つけられて良かったね。大切なもの、人をこれからもたくさん増やしてください。今日はみきさんとポメラがんばってたね。みきさんもとってもすごい！って言ってました。卒業式リハは先生もルセラフィム※とかの写真用意しとこうかな。こんなのイイ！とかあったら教えてね。ポメラに3年生の名前打ちこんでます。もし一人一人へのメッセージで書きたい人がいたら、名前の下に打ってください。なければ3年生全体へのメッセージでもいいよ。木曜日に印刷して、チョコと一緒につめようね。

ルセラフィム　当時由菜が好きだった韓国の5人組ガールズグループ。卒業式で由菜が落ち着いて座っていられるよう、本人の好きなものの写真を用意して持たせることになった。

コラム　高2になった私が日々考えていること

「社会に出る」って？

社会に出るということについて、私はいつもどう考えるべきか悩んでいます。悩んでもしょうがないんですが、社会ってなんだろうって思います。

社会って、学校とは別なんでしょうか。学校も社会じゃないんでしょうか。学校は社会じゃないって言われるけど、じゃあ、学校ってなんだろうって思います。学校を社会と違う場所にしてしまっているのは、どうしてでしょうか。

社会にあるものだから、学校も一つの社会です。

社会はいいところだよって教えてあげるのが先生の役目ではないでしょうか。社会に出ると困るよって言うのは、社会が嫌な場所だよって教えてしまっている気がします。

私は、学校が社会を良くしていくために機能するべきだと思います。

三月

じゃあねバイバイ

三月一日（由菜の誕生日）

ゆなです。京子先生、いっぱいいい絵をありがとうございます。私は15歳になりました。15歳というのはとってもいい響きです。大人っぽいです。いいですよね。15歳になってやってみたいのは、パソコン練習です。パソコンはもっと頑張りたいです。金曜日にお姉ちゃんが手術をするそうです。私は心配です。私はとっても心配です。なんというか、お姉ちゃんはいろんな手術やらいっぱいしています。すごいですね。私も心臓の手術をしたけど、しんどかったです。手術は嫌ですね。じんじんします。じゃあね。バイバイ。ゆなでした。

・・・・・・・・・・

三月二日

ゆなです。今日はいい日でした。みきさんが来てくれて、しゃべれてよかったです。しゃべりたかったから、しゃべれてよかったです。ゆなを心配してくれているみきさんとしゃべれて、ほんとにうれしかったです。ゆなはもっと指談をしたいけど、みきさんとはもうしばらく会えないって聞いて、とっても寂しいです。みきさんは指談をしてくれるとっても大切な人なので、もし会いたくなったらまた会いに行きます。いいでしょうか……と京子先生に聞いてもダメですね。みきさんに手紙を書きます。じんじんします。

ゆなは《放課後等デイサービス④》にも行きました。《放課後等デイサービス④》はとってもいいところでした。なんか優しい人ばっかりで、ゆなはとっても好きでした。また来週行きます。楽しみです。じゃあね。バイバイ。ゆなでした。じゃあねと言うのももうちょっとになりましたね。寂しいです。ゆなでした。

・・・・・・・・・・・・

三月三日

みきさん良い返事をくれるといいですね。今日みんながハッピーバースデー歌ってくれてよかったね。ゆなさんがニッコニコで嬉しかったです。

火・水は入試です。緊張すると思うけど、自分の力を出せるように整えてね。じゃあね。バイバイ。京子。

１８歳の私へ～中学校３年間の振り返りとこれからへ～

（　●●　）中学校・氏名（　福知由菜　）・記入日：２０２３年3月２３日

○中学校３年間での自分自身の頑張りや成長・よさ等について振り返ります。

①３年間を振り返って、頑張ったこと・学んだことを書いてみましょう。

（１年生）	（２年生）	（３年生）
１年では自分の良さを知りませんでした。しんどいことばっかりでした。	**２年になって私は障害者でもいっぱいできることがあるはずということに気づきました。**	**３年ではもっと障害者のことを社会の人に知ってもらいたいと思いました。**

②３年間を通して、成長したこと・できるようになったことを書いてみましょう。

3年間で私はとっても成長したと思います。なんといっても指談をしてくれる人が増えたから自分の気持ちをいっぱい喋れるようになりました。

③あなたの「よさ」や「前向きになれること」を書いてみましょう。

※得意なこと・好きなこと・興味のあること・頑張れることなど

私は得意なことはいっぱいあります。それをわかってもらえる手段がないだけです。だからパソコンをがんばってやりたいです。

④あなたの「よさ」を今後、どう生かし、どのように成長していきたいですか。

私はがんばって本を書いたり講演したりして社会に障害者のことをもっとわかってもらえるようにしたいです。

先生からのメッセージ	保護者などからのメッセージ
たくさんのできごとがあって、それを一つ一つ乗り越えて成長したゆなさん。不安の中それでも挑戦する姿に心うたれ応援したい気持ちになります。中学校最後の１年担任をできて幸せでした。たくさんの気持ちや思いを伝えてくれてありがとう。この先の未来もゆなさんの道を進んでいってくださいね。	本当にいろんなことがあって、一つ一つ周りの方に助けてもらいながら乗り越えて、そのたびに大きく大きく成長した３年間でしたね。ゆなの強さや優しさをリスペクトしています。どんどん自分の世界を切りひらいていってください。

メッセージを読んで気づいたこと・考えたこと

ゆなはいっぱいの人に助けてもらわないと生きていけないから、これからもよろしくお願いします。お母さんと一緒にがんばりましょうね。ゆなより。

コラム　高2になった私が日々考えていること

京子先生と過ごした日々

京子先生に出会えたことは私にとってすごく大きな転換になりました。

先生は私にすごく寄り添ってくれて、学校に行くのが楽しくなりました。いっぱい好きなことを見つけてくれて、ゆなは先生といると安心して勉強に集中できました。

先生にずっと一緒にいてほしかったけど、それは無理ってわかってたから、いつもどこか寂しい気持ちもありました。いつか別れないといけない関係は、とても悲しい反面、とても大切にできるから、いいところもあると思います。

京子先生と一緒に過ごした日々は、私にとって宝物です。

インクルーシブ社会への誘《いざな》い

琉球大学大学院　教育学研究科
高度教職実践専攻（教職大学院）教授
元・名護市教育委員会　学校教育課
学校指導係　主幹（臨床心理士）
岸本琴恵

ゆなさんとそのご家族は、インクルーシブ社会の実現における本来の意義と具体的方向性を我々教育行政や学校、そして地域に示してくれました。

本ケースの意義は、ご家族と学校がゆなさんを「権利を持つ主体」として捉え続けたことにあると言えます。ゆなさんの母親は、移住前に何度も市教委に足を運び、我々にゆなさんの思いを丁寧に伝えてくれました。同年齢の友達をほしがっていること、いろんなことに挑戦したいこと、みんなと一緒に学びたいことなど。母親の語りはゆなさんの意志を聴き取り、尊重した、実現されるべき当事者の権利でした。

このように当事者を権利主体と捉える視点は、インクルーシブ社会の実現に向けて最も重要と言えます。しかし世間では偏見や固定観念から障害を弱さや未熟さと無意識に捉え、当事者の権利が充分に守られず、それがインクルーシブ社会の実現の妨げとなっている状況がいまだにあります。

ゆなさんが主張する権利によって、学校や教師の意識が変わっていく様子が交換日記から読み取れます。その交換日記を通して教師がゆなさんの思いを理解し、応答し続け、ゆなさんの意志と学校の支援のズレの修正をその都度行ったことも本ケースから得られる重要な示唆であり、学校が生徒を権利主体と捉えたことも貴重な実践と言えます。

そしてゆなさんの「みんなと一緒に学びたい」という思いが、様々な場面で実現され、その喜びが友達への感謝の気持ちと共に日記に綴られています。そして教師と協働して挑戦した社会参加や仲間と過ごした経験が、自己（障害）受容を高め、よりよい社会をつくりたいという思いも強固にしていきます。

そして迎えた卒業の時期、ゆなさんはよりよい社会とは「障害のある自身が自分らしくいられる社会である」と具体的に示し、その実現のために学びたいと強い意志を表明します。それはゆなさんが自身の実存に関わる揺るがない目標を自律的に選択したと言え、さらにその目標の実現に向けて我々を誘《いざな》っているように思われます。このような目的意識は他者と共に生きる中で育まれるものであり、まさにインクルーシブ社会の本来の意義と言えます。ゆなさんはそのことを、身を以って我々に示してくれたのです。

おわりに

ゆなが言いたいことは一つです。障害者と言われる人たちはみんな、普通の人と変わらないっていうことです。

ゆなは指談に巡り合えたからコミュニケーションができるけど、できない人も同じようにいろんなことを考えています。それをわかってほしくて、この本を出すことにしました。

最後まで読んでくれてありがとうございました。

じゃあね。バイバイ。ゆなでした。

私の話を聞いてください

沖縄に移住した「重度知的障害」の私と
先生の交換日記

2024年10月1日　初版第一刷発行
2025年4月1日　　　第二刷発行

編著者　福知由菜　著
　　　　福知里恵　編
発行者　池宮紀子
発行所　（有）ボーダーインク
〒902-0076
沖縄県那覇市与儀226-3
tel.098(835)2777
fax.098(835)2840
www:borderink.com

印刷所　東洋企画印刷

ISBN978-4-89982-474-9